自由のために闘うイラン女性の記録

白い拷問

ナルゲス・モハンマディ　星 薫子 訳

White Torture
Interviews with Iranian Women Prisoners

NARGES MOHAMMADI

講談社

白い拷問

ナルゲス・モハンマディ

この本は、２０２３年にノーベル平和賞を受賞したイランの人権活動家
ナルゲス・モハンマディによる獄中手記と
ナルゲスが獄中で行った、不当に収監された女性たちへのインタビュー集である。

イラン・イスラム共和国

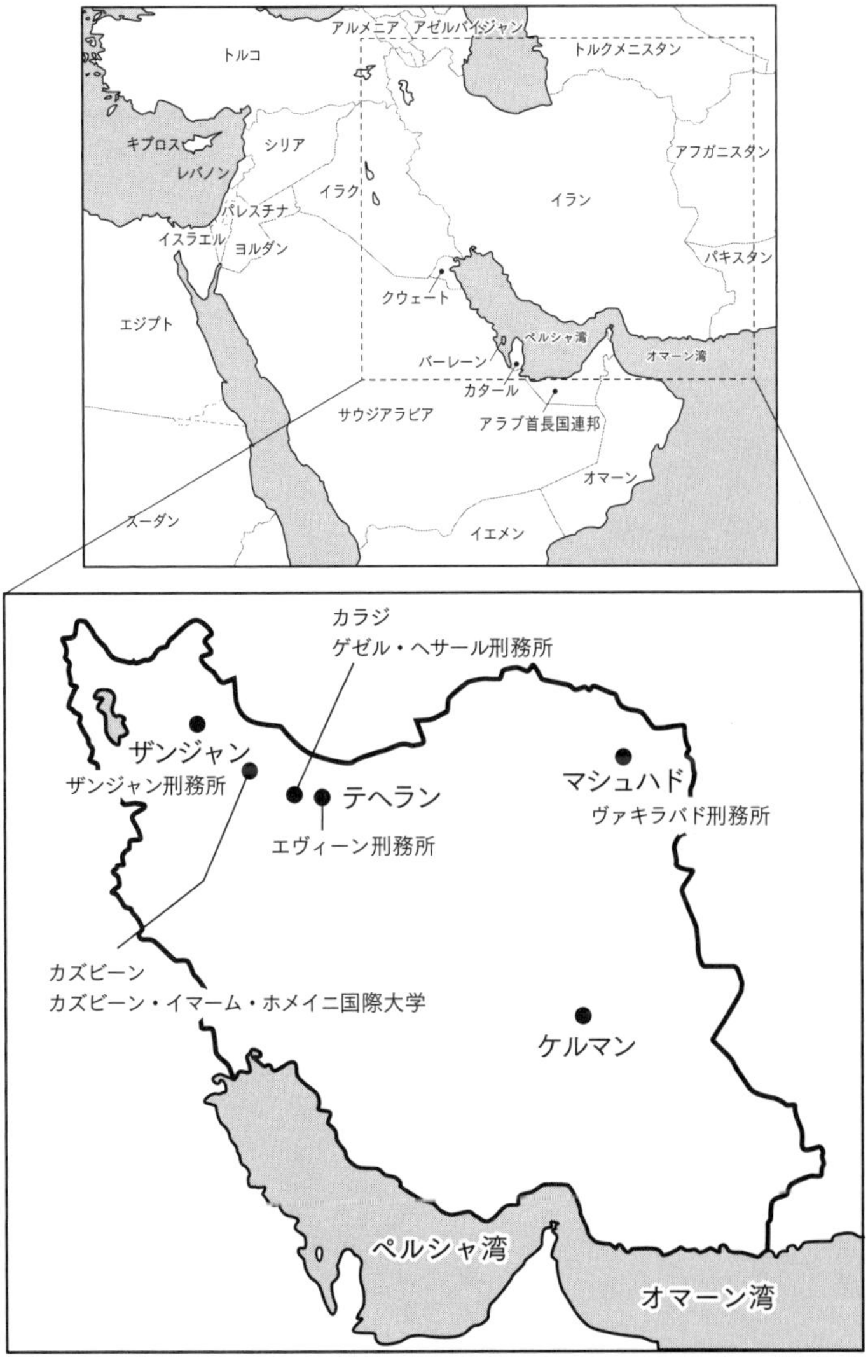
アルメニア
アゼルバイジャン
トルコ
トルクメニスタン
キプロス
シリア
レバノン
アフガニスタン
イラク
イラン
パレスチナ
イスラエル
ヨルダン
パキスタン
クウェート
エジプト
ペルシャ湾
オマーン湾
バーレーン
カタール
サウジアラビア
アラブ首長国連邦
オマーン
スーダン
イエメン
カラジ
ゲゼル・ヘサール刑務所
ザンジャン
ザンジャン刑務所
テヘラン
エヴィーン刑務所
マシュハド
ヴァキラバド刑務所
カズビーン
カズビーン・イマーム・ホメイニ国際大学
ケルマン
ペルシャ湾
オマーン湾

はじめに

私はいま、家を去る最後の瞬間にこの文章を書いています。このあとすぐに私は刑務所に再び入れられます。

２０２１年11月16日、私は12回目の逮捕を経験し、人生で４回目の独房拘禁を言い渡されました。その後、イラン・イスラム共和国の諜報治安省が管轄するエヴィーン刑務所２０９棟の独房で、64日間過ごしました。今回の逮捕は、いまあなたが手にしているこの本――『白い拷問』が原因です。当局によれば、私はイランを世界中の前で汚したのだそうです。私は独房拘禁を廃止する活動をしていますが、当局は何としてもそれが失敗したと証明するつもりです。私にもう一度この拷問を受けさせることで、地球上すべての活動家に、政府が最高権力者だと見せつけたいのです。

私は一審で違法に判決を下され、８年２ヵ月の禁固刑と、74回の鞭打ち刑を科されました。のちに禁固刑は６年に短縮されましたが、鞭打ちの回数は同じままでした。結果的に、私は２

つの別々の刑を科されています。以前の30ヵ月の拘禁と80回の鞭打ちに加え、最近の刑もあります。全部あわせると、私はいま30年の禁固刑を勤めていることになります。

しかし何者も私の独房拘禁反対運動を止めることはできません。私はカルチャク刑務所で心臓発作を起こし、手術を受けるために一時的に保釈されました。これほどまでに、独房拘禁は残酷で非人間的な刑罰なのだと、改めてここで声を上げたいです。この拷問がなくなるまで、私は休むことなく反対運動を続けます。

当局は私を再び檻に入れようとしています。

しかし私は人権と司法の正義がこの国に蘇るまで運動をやめません。

ナルゲス・モハンマディ

2022年3月

ナルゲス・モハンマディの歩みと主張

〔プロフィール〕

イラン・イスラム共和国の人権活動家、市民運動家。女性の権利を強く訴えるフェミニスト運動の主導者であると同時に、ジェンダーやセクシュアリティ、人種、宗教、階級に基づくすべての差別に強く反対している。死刑廃止運動の中心的人物でもある。国家平和評議会副代表、人権擁護者センター（DHRC）の副代表およびスポークスパーソンを務める。

＊

1972年4月21日、イラン・ザンジャン州生まれ。

カズビーン・イマーム・ホメイニ国際大学で物理学を専攻。人権と社会正義を求める学生運動に身を投じる。卒業後、イラン・エンジニアリング・インスペクション・カンパニーで検査技師として働くかたわら、改革派の出版物や新聞に、ジェンダー平等や民主主義をテーマに寄稿。1990年代初めから一貫して、人権が守られる政治、女性の自由と権利、死刑廃止を訴え、積極的に発信を続ける。著書に政治的エッセイ『改革、戦略と戦法』などがある。

合計13回逮捕され、5回の有罪判決を受け、合計31年の禁固刑と154回の鞭打ち刑を言い渡されている。2023年のノーベル平和賞受賞は獄中での受賞となり、授賞式には10代になった双子の子どもたちが代理で出席。

ナルゲスは現在もイランのエヴィーン刑務所に拘禁されながらも、粘り強く自由を求める不屈の運動を続けている。

［文責・編集部］

〔年　表〕

1972年　4月21日　イラン北西部ザンジャン州の中流家庭に生まれる。

1979年　イラン革命勃発。西洋化・近代化を強権的に推し進めていたパフラヴィー王朝がイスラム教の伝統を重視する反政府勢力によって倒れ、国王は亡命。政治、経済、社会のありかたがイスラム法に基づいて指導される「イラン・イスラム共和国」となる。新体制では最高指導者アヤトラー・ホメイニ師が宗教的・政治的な権力を掌握。イスラム原理主義の神権国家と言われている。

1981年　政治活動家だった母方のいとこが逮捕、処刑される。甥の悲報を聞き、床に崩れ落ちた母オズラ・バザーガンの悲痛な叫びが幼いナルゲスに衝撃を与え、死刑廃止、女性の権利を求める活動の原点となる。数年後、叔父も処刑されている。

1990年　カズビーン・イマーム・ホメイニ国際大学入学、物理学を専攻。人権と社会正義を求める学生運動に加わる。

1998年　「イラン政府を批判した罪」で1年の禁固刑。学生や女性の権利を擁護する記事を発表、学生時代に2回の逮捕を経験。

1999年　自由主義への改革を訴えるジャーナリスト、タギ・ラフマニと結婚。その直後、タギは逮捕される。

2003年　イラン初の女性裁判官であり、2003年ノーベル平和賞受賞者のシリン・エバディが設立した「人権擁護者センター（DHRC）」に加わる。

2006年　男女の双子、アリとキアナが誕生。

2009年　大学卒業後、検査技師として働いていた建築物の安全基準管理会社「イラン・エンジニアリング・インスペクション・カンパニー」を解雇される。

2010年　「人権擁護者センターの一員」という理由で逮捕され、エヴィーン刑務所に拘禁される。

病気治療のために一時釈放。

2011年　訴追され、「国家の安全を脅かした。人権擁護者センターのメンバーである。反体制的なプロパガンダを行った」という理由で有罪に。11年の禁固刑が確定。

2012年　「ペール・アンガー賞」（スウェーデン政府が授与する国際的な人権賞）受賞。逮捕・拘束されることを繰り返していた夫タギ・ラフマニがフランスへ亡命。ナルゲスも亡命するよう当局から圧力をかけられるが、「暗殺の危険のなか、幼い子どもを連れて逃げられない」と、イラン国内にとどまる。

2014年　エヴィーン刑務所に服役。すぐにイギリス外務省、アムネスティ・インターナショナル、国境なき記者団からナルゲス擁護の声が上がる。ほどなくアメリカ、イギリス、カナダ、オーストラリア、イタリア、リトアニアなどの政治家による、ナルゲスを救う国際的キャンペーンも実施され、釈放される。

拘禁中に殺害された人権活動家、サッター・ベヘシテイの墓の前でスピーチを行う。当局より「〝容疑〟を認めて自首しろ」との召喚状を受け取る（容疑については明記されていない）。

2015年　安全のために双子の子どもたちが密航により亡命。フランスにいる父タギのもとへ。5月、逮捕される。「違法な組織（LEGAM：死刑廃止に向けて一歩一歩）」を創設した罪で10年の禁固刑。「国家の安全を脅かす集会と共謀」で5年の禁固刑。国際メディアでインタビューを受け、「反体制的なプロパガンダを流布した罪」と、「EU外務・安全保障政策上級代表（当時）のキャサリン・アシュトンと面談した罪」で1年の禁固刑。

2016年　「イランの社会体制を脅かすプロパガンダ」を理由に逮捕宣告を受ける。ドイツ・ワイマール市より「人権賞」受賞。

2018年　アメリカ物理学会より「アンドレイ・サハロフ賞」受賞。

2019年
7人のフェミニスト活動家とともに、反政府運動で殺された人々の遺族のために座り込みを開始。それに先立ち、当局の大量殺人と刑務所での囚人への非人道的な扱いを告発。ロイターなどの独立系通信社によれば、殺害人数は1500人にのぼる。「エヴィーン刑務所内で反政府運動を支持した」という理由で、ザンジャン刑務所に強制移送。麻薬取引の密売人や密輸業者、軽犯罪、重犯罪といった思想犯ではない囚人たちと同じ房に入れられる。

2020年
ザンジャン刑務所で面会したナルゲスの母オズラが、娘の訴えの音声データを国際メディアと人権団体に公表。ナルゲスも刑務所幹部の残虐さと自らの闘志を手紙で公表。刑期のうち8年半を勤め、釈放される。

2021年
ソーシャルメディアを通じて刑務所での性的暴行や不当な扱いの実態を告発。「白い拷問」が、囚人の精神と心理に与えるダメージも公表。

2023年
ノーベル平和賞受賞。『白い拷問（原題：White Torture)』上梓により、「プロパガンダを拡散した罪」で再び逮捕される。母の代理として、アリとキアナが授賞式に出席。刑務所からひそかに持ち出された母のメッセージを代読した。メッセージ内では、マフサ・アミニ死亡事件（2022年「ヒジャブのつけ方とタイトなズボンが不適切」として風紀警察に逮捕され、連行後に死亡）をきっかけに広まっている、イランの若者の抗議運動を支持。

［文責・編集部］

ナルゲス・モハンマディからノーベル委員会への手紙

　ノルウェー・ノーベル委員会は、現代イランの抵抗運動に共感してくださいました。私たちが声を上げて革命的、社会的変革を望んでいる、その信念と可能性を曇りのない目で見て深い理解を寄せてくださったことに、心より感謝いたします。

　エヴィーン刑務所［イランの首都テヘラン北部にある。主に政治犯・思想犯を収容］の女性房で、ノーベル平和賞の発表がテレビで放映されたときのことです。イラン・イスラム共和国の国営メディアは賞をなじるつもりで実況中継していたのですが、委員長のベリト・ライス＝アンデシェン氏が「ザン、ゼンデジ、アザディ（女性、命、自由）」という言葉で発表を始めた瞬間、まわりの囚人たちから歓喜の声が湧き起こりました。みんなが力強いスローガンを一斉に唱え、刑務所じゅうにその声がこだましました。この声は導火線となり、世界中に散らばったイラン人「反政府勢力」と響き合いました。

極めて歴史的な瞬間に、ふたつの遠く離れた場所で同時に叫ばれたスローガンの大波は、市民の揺るぎない力が世界に広がっていることを、そして市民が今日の政治情勢のなかで確固たる役割を担っていることを物語っています。

ノーベル委員会が賞の発表の初めにイランの抵抗運動に言及するという英断を下したことは、世界の風向きを変えるでしょう。世界中の社会運動や抵抗運動が、今日の社会を根本的に変える鍵になることを人々に知らしめたのです。人権を擁護する人々を讃えるこの賞が、これらの運動に与えた意義は計り知れません。

中東、特にイランやアフガニスタンで暮らす我々は、自由や民主主義、人権の大切さを理念として教科書から学ぶことはありません。自身で経験する抑圧や差別によって、身をもって知るのです。私たちは子どもの頃から日々の生活のなかで、抑圧や、直接的・間接的な暴力、嫌がらせ、差別を受けています。権威主義的な政府からそのような体験を強いられるからです。そして自由や民主主義の大切さに気づくと、立ち上がって、そういうものを脅かす者や、敵対する者に立ち向かいます。

私はわずか9歳の頃、母が声を上げて泣いているのを聞いたことがあります。学生だった若い甥が処刑され、悲しんでいたのです。祖母の押し殺した泣き声を聞いたこともあります。息子が拷問されていたからです。当時の私には、「死刑」や「拷問」が何を意味するのか分かりませんでした。子ども心に想像してはみたものの、恐ろしいイメージが散り散りに頭のなかを巡るだけでした。

1980年代、刑務所では死刑や拷問、レイプ、暴行が横行していましたが、正義を求める母たちの声は誰にも届きませんでした。この暴虐の責任者のひとりは、エブラヒム・ライーシーで、現在のイラン・イスラム共和国の大統領です。宗教の隠れ蓑を被った専制政治のせいで、国民は抑圧や圧政に苦しみ、イランじゅうに貧困と苦境が広まりました。

私は19歳のとき、オレンジ色のコート［体の線を隠すための足首までの長上着］を着ていたという理由で逮捕され、他の何十人もの逮捕者と一緒に収容所に入れられました。そのとき、黒装束の男たちが何の法的手続きも経ずに、4人の女性の手を狂ったように鞭打っているのを見ました。ひどくショックを受け、戦慄しました。

それから何年ものちの2022年、マフサ・アミニ（通称ジナ）という若い女性が、コートを着てヒジャブ［イスラム教で定められている女性の髪を覆うスカーフ］も被っていたのに、髪の覆い方が正しくないという理由で逮捕されました。そして間もなく、身柄を拘束されている最中に急死しました。マフサの死に抗議し、何百もの人々が街に繰り出してデモをしましたが、雨あられのように実弾を浴び、さらに数百人が亡くなり、抗議運動をした6人が処刑されました。女性や抗議運動をした人が次々と逮捕され、拷問や独房拘禁、暴行、セクシュアル・ハラスメントの犠牲になりました。大学は暴力的な治安当局によって攻撃されました。市民団体や活動家に対する締めつけが厳しくなり、愛する者のために正義を求めた家族までもが投獄されました。

ここではっきり宣言します。イラン・イスラム共和国がヒジャブを強制するのは、宗教上のルール、社会習慣、伝統を尊重しているからではありません。あるいは、彼らの言う女性の評判を守るためでもありません。

そうではなく、イラン社会全体を掌握する手立てとして、彼らはあからさまに女性を抑圧し、支配しようとしているのです。国は専制政治と女性への抑圧を合法化、制度化しました。イランの女性は、もはやこんな事態に我慢はしません。

ヒジャブ強制は圧政の一手段です。彼らの「宗教的専制」時代を長続きさせるための装置です。45年間、この国の政府は貧困と剝奪を推し進めてきました。この体制は嘘と欺瞞と恫喝の上に成り立っています。そして不安定で戦争を誘発するような政策で、地域一帯の、ひいては世界の平和と安寧を大幅に損ねています。

今日のイランでは、女性や若者が非常に抜本的で先進的な、そして勢いのある社会勢力となっています。彼らは専制的な神権国家と闘い、イランで、中東で、世界で永続的な平和を実現しようと、根本から変わるためにはどうしたら良いのかを探っています。

世界はこの新しい革命的な「女性、命、自由」という動きが、イランにおけるたゆまぬ政治的抵抗運動の証であり、社会に普通の生活を取り戻すための闘争であることを知っています。この運動の核は、イラン女性の主体性にあると言えます。私たちは、「自分たちが望まないもの」よりも、「自分たちが望むもの」をはっきりと知っているのです。私たちはこの運動に身を捧げ、信じ、最後には勝てると確信しています。

我々イラン人は、民主主義と自由、人権、平等を求めています。私たちの総意である理想を実現するうえで、最大の障害はイラン・イスラム共和国です。私たちの決意は揺らぎません。専制的な神権国家ではない、国民にふさわしい国になれるよう、イランの栄光と誇りを取り戻したいのです。そのために非暴力、誰にも止められない運動を通じて、連帯の輪と力を広げようとしています。

最後になりましたが、エヴィーン刑務所からこのメッセージを発する者として、言わせてください。ここには、政治犯や思想犯、政治的・文化的な様々な考えのせいで長期の禁固刑を科された女性囚人や、信仰を捨てないバハーイー教徒〔19世紀にイランで創設された一神教〕、環境運動家、文化人、マフサ（ジナ）運動〔彼女の死に端を発する女性解放運動〕の熱心な活動家、ジャーナリスト、学生などがいます。私たちはノルウェー・ノーベル委員会の皆さんに敬意を表し、心からの愛と希望と情熱を込めてお礼を申し上げます。

私が感謝を伝えたい人々は他にもいます。私たちの声を世界に届けてくれるジャーナリストの皆さん、つまり世界中のマスコミの方々。

女性の権利こそ、民主主義と平和と人生の豊かさを示す指標であると捉え、いつでも世界をより良い場所に変えようと尽力しているフェミニストの皆さん。

人類の聖域である人権擁護団体の皆さん。アムネスティ・インターナショナル。市民社会。社会運動を支える人々と組織。

最高の権威である「市井の人々」。政治には人権と平和が不可欠であると考える卓越した思想家や政治家たち。

イランやアフガニスタンなどの中東で何が起きているのか、世界に実相を発信するアーティストの皆さん。作家たち。ペン・インターナショナル。シリン・エバディ氏を含むノーベル平和賞の受賞者たち。イランのNGOの同僚全員。

長年をともに過ごした刑務所の仲間たち。街で抗議運動をし、そうすることでこの抵抗の象徴となった名もなき世に知られていない女性たち。正義を求めた母親たち。

私の家族。キアナとアリ。そして最後に、この賞の受賞を喜んでくれたすべての人々。

皆さん、どうもありがとう。どうか、私たちが最後に勝つまで、これからもイランの人々を支えてください。

私たちの勝利は簡単なものではありません。しかし必ず実現します。

２０２３年10月　エヴィーン刑務所にて

白い拷問　目次

獄中手記――ナルゲス・モハンマディ

12のインタビューと13人の証言

文中の（　　）＝著者による注
文中の［　　］＝編集部による注

ナルゲスとイランの女性の状況について

——理解を深めるための序文

理解を深めるための序文1

ライオンたちの咆哮

シリン・エバディ

イラン初の女性裁判官。1979年の革命で失職したのち、弁護士として法曹界に復帰。2001年、イラン初の人権機関「人権擁護者センター」を設立。2003年ノーベル平和賞を受賞。

『白い拷問』は、熱心な活動家であるナルゲス・モハンマディ氏が、自身も苦しみのさなかで刑務所内の女性たちにおこなった、12本のインタビュー集です。2009年の大統領選挙以来、ナルゲスは繰り返し投獄されてきました。人権擁護者センターの副代表・スポークスパーソンであることが逮捕の理由です。この団体は死刑制度の廃止を目指して運動しています。

ナルゲスはいま、ザンジャン刑務所の独房に拘禁されていますが、これはイラン・イスラム共和国の法律に鑑みても違法な処罰です。

彼女がこの刑務所に入れられたのは、他の囚人たちの苦境に深い同情を寄せたからです。

２０１９年11月、反政府運動をした人々が全国で大勢殺されました。死後40日の追悼に合わせ、犠牲者の家族に連帯を示すため、ナルゲスは他の囚人たちとともに、座り込みの抵抗運動をしようとしました。彼女は果敢にも、この運動はテヘランにあるエヴィーン刑務所女性房の看守の事務所前でおこなわれる、と当局と世の中に宣言しました。

３日目、ナルゲスは弁護士が接見に来ていると刑務所長に呼び出されました。しかしそこに弁護士はいませんでした。代わりに刑務所長のゴールマズラ・ジアエイがナルゲスを言葉で攻撃し、殺すと脅しました。ナルゲスは一言も返さず、ただ顔を背けて独房に帰ろうとしました。そのときジアエイはナルゲスを壁に力一杯押しつけ、痣が残るほど殴りました。彼女の手をガラスのドアに叩きつけ、出血させました。その傷の手当てもしないまま、当局は彼女をザンジャン刑務所に移送したのです。

２０１９年12月にナルゲスは刑務所長に苦情を申し立てましたが、無視されました。ところが奇妙なことに、その後ジアエイは「刑務所長を侮辱した」とナルゲスに対して苦情を申し立てたのです。

この苦情を受け、調査官が刑務所に来てナルゲスから話を聞こうとしました。これは訴訟の一般的な手続きに反しています。ナルゲスは、なぜ自分が他の囚人と同じようにザンジャンの裁判所に呼び出されないのか、そこで事実確認をされれば質問に答えるのに、と疑問をぶつけました。すると調査官は「お前は何があっても刑務所から出られない」と答えました。「だからこうして我々がお前に質問に来た」

「それなら私も、ここではあなたたちの質問に答えません」と彼女は言い、この違法な調査を拒みました。

これ以外の2つの訴訟については、すでに刑の確定した件と併せて調査中です。ナルゲスを担当する当局の役人は、彼女が人権擁護者センターを辞任し、活動をやめれば即刻釈放だと何度も言いました。ナルゲスはその申し出をことごとく拒みました。諜報治安省から送りこまれた役人はこう脅しました。「それなら生きてはここから出られないから、そのつもりでいろ」

ザンジャン刑務所で、ナルゲスは他の囚人に襲われる危険と隣り合わせでした。少し前の話ですが、何人かの囚人が、ナルゲスを痛めつければ刑期を短くして早く出してやると看守にそそのかされ、ナルゲスに向かっていきました。ナルゲスはそのうちのひとりに殺すと脅され、一晩中シャワー室に隠れていなければなりませんでした。

ありがたいことに当局のこの作戦は失敗し、ナルゲスの人間的な魅力も手伝って、また、彼女がホームレスの女性囚人を法的に支えたこともあって、彼女は次第に女性房のなかで人気者になり、この難局を乗り越えました。


2020年現在、新型コロナウイルスによる感染症が世界中に広まっていますが、イランでも状況は同様で、特に刑務所内は深刻です。ナルゲスの同房の囚人のひとりが陽性反応になり、家に帰されました。数日後、ナルゲスを含めた他の囚人たちにも、新型コロナの症状が出てきました。しかし看守は彼女らが検査を受けることを認めませんでした。囚人の具合は日に日に悪くなり、心配した囚人の家族が刑務所の上層部に圧力をかけて、やっと検査を受けることができました。しかし当局がナルゲスの検査結果を本人に伝えることはありませんでした。

同房の囚人のうち、無症状の４人だけが家に帰されました。ナルゲスと11人の他の囚人は隔離房に残されたままでした。ナルゲスには肺塞栓症と筋麻痺の持病があるので、感染弱者であったにもかかわらず、看守は彼女がかかりつけ医に診てもらうことを許しませんでした。彼らが言うには、刑務所の医務室でじゅうぶんだそうです。しかしイランの刑務所の医療は設備が不十分で、特にザンジャン刑務所がひどいことは、公然の秘密です。

ナルゲスは当局と世間に、これらの不当な扱いを訴えました。保健省の大臣に、刑務所まで実際に足を運び、その目で刑務所医療の不備を見てほしいとさえ願い出ました。しかし彼女の訴えは聞き入れられなかったばかりでなく、司法の側の有力者が、彼女を嘘つき呼ばわりして貶めたのです。ザンジャン刑務所の責任者によれば、ナルゲスの言った内容は何ひとつ事実に当てはまらない、とのことでした。

どんな刑務所の壁も、ナルゲスが人々のために上げる声を封じ込めることはできませんでした。エヴィーン刑務所で、男性囚人には許されている、親戚や我が子に電話をかける権利が女性囚人にはないと知った彼女は、「刑務所の母親を支える会」というキャンペーンを立ち上げました。この活動は世界中のイラン人の注目を集め、政府は譲歩せざるを得なくなりました。こうして、女性囚人も電話をかける権利を手に入れたのです。このおかげでナルゲスも、夫とともにパリで亡命生活をしているふたりの子どもたちと電話で話せるようになりました――1週間に24分だけですが――。しかしのちに、政府はナルゲスが不当なことに声を上げ続け、他者をも助けるその粘り強さに閉口し、彼女が電話をかける権利を奪いました。彼女はもう1年近くも子どもたちの声を聞いていません。彼女は手紙でこう書いています。

「何年かあとで私が出所したとき、子どもたちは私のことが分かるかしら。私の声が分かる？お母さんとまた呼んでくれる？」

ナルゲスは10年の刑期のうち7年以上を勤め、実質的には仮釈放の権利があるにもかかわらず、普通の囚人には認められている権利を奪われています。他の囚人は肉や野菜、果物を刑務所内の店で買うことを許されているのに、彼女は禁止されています。彼女はザンジャン刑務所に移ってから、日々の配給しか食べさせてもらえません。ジャガイモと卵とパンのみです。

お分かりのように、ナルゲスは鎖で縛られていながら、ライオンのように吠えています。だからこそ体制は彼女を叩きつぶしたいのです。

本書『白い拷問』もまた新たなライオンの咆哮です。これらのインタビューから浮かび上がるのは、イランの刑務所でおこなわれている、最も苛烈な拷問の一形態である独房拘禁の手口です。ナルゲス・モハンマディはこれまでずっと先頭に立って独房拘禁に反対してきました。自身が経験する前から、そして拘禁されてからも一貫して反対し続けています。

この反対を表明するために、彼女は同房の囚人たち、主に自分と同じような思想犯たちにインタビューをしました。

独房の体験を数年経ってから思い出そうとすると、どうしても記憶が部分的に失われていたり、他の記憶と混ざってしまっていたりするものです。房内で聞き取りがおこなわれたこの記録は、そういう意味でも非常に重要です。

これらの証言はまさに現場で、刑務所の壁の内側でなされたものです。イランの思想犯が正義を求めた闘いの証拠なのです。

これは、あらゆる困難にもへこたれず、証言を世に伝える重要さを理解し、目的が達成されるまで諦めなかったナルゲス・モハンマディだからこそできたことです。

人権のために闘っている人物が拘禁され、イスラム共和国体制ですら一般的な囚人には認めている法的な権利がすべて奪われていく。なんというひどい事態でしょう。

彼らがそんな目に遭っているのは、不当な扱いに黙っていないからです。私たちの歴史はナルゲスを、そしてすべてのライオンたちを、霧の中に消えゆくに任せるなどということは絶対にしません。

（２０２０年７月）

理解を深めるための序文2

ナルゲスとその闘いの歴史

ナエレ・トヒディ

イラン生まれ、現在はカリフォルニア州立大学ノースリッジ校の名誉教授。専門分野はジェンダー、イスラム教、フェミニズム、ペルシャ語圏及びトルコ系社会における人権と女性の権利について。

ナルゲス・モハンマディは熱心なイランの市民運動家、人権活動家のひとりである。死刑廃止運動の中心的人物、女性の権利の力強い擁護者、国家平和評議会の副代表、人権擁護者センター（ＤＨＲＣ）の副代表・スポークスパーソンでもある。

ナルゲスは、イラン・イスラム共和国の思想犯のなかで、最も果敢に声を上げ続けている人物である。彼女は「圧政」と呼ばれる体制に抵抗するため、刑務所の内外で粘り強い非暴力運動を展開している。その年月は28年にも及び、抑圧的な法律と政策に負けない彼女の不屈の精神は、国内外で尊敬を集めている。ナルゲスはいままで何度も逮捕され、そのたび何年も拘禁されてきたが、一番最近の逮捕で16年の禁固刑が確定し、少なくとも10年は外に出られない。

ナルゲスは神経系と肺に健康上の問題を抱えており、新型コロナに感染すると合併症を起こすリスクが高かった。２０２０年７月、彼女が新型コロナ感染の症状を呈している、という報告を受け、国連の人権グループの専門家が彼女の釈放を訴えた。「ナルゲス・モハンマディ氏のような健康状態の人物にとって、生死にかかわる重大な結果になり得ます」という文面で、「イラン政府は手遅れになる前に、いますぐ行動を起こす必要があります（マリアム・バーガーというイランで著名な人権活動家が２０２０年10月に、同じくコロナ感染で死亡の恐れがあるという理由で釈放された）」と迫った。この強い抗議のおかげで、政府は彼女の健康上の理由により、また過密なイランの刑務所ではコロナの感染状況がさらに悪化するという理由により、減刑に踏み切った。２０２０年10月７日、刑期のうち8年半を勤め、彼女はやっと釈放された。


国連の人権団体の専門家だけではなく、次に挙げるイラン国内外の人権擁護団体も、ナルゲス・モハンマディ氏が正当な理由や法的手続きもなく拘禁されている現状を批判し、即時釈放を訴えている。アムネスティ・インターナショナル、ヒューマン・ライツ・ウォッチ、人権擁護者の監視機構、ノーベル女性イニシアチブ、国境なき記者団、ペン・インターナショナル、人権擁護者センターなどだ。以下はナルゲス・モハンマディ氏のプロフィール概要である。

ナルゲスは１９７２年４月21日にザンジャン州の中流家庭に生まれた。カズビーン・イマーム・ホメイニ国際大学で物理学を専攻、そこで学生運動に出会い、人権と社会正義を求める活動に参加した。「カズビーン国際大学ルシャンガロン学生連合（学生啓蒙連合）」という学生組合に入り、機関誌に学生や女性の権利を擁護する記事を書いた。学生時代に逮捕を2回経験したが、それはその後長期に及ぶ拘禁生活の序章に過ぎなかった。

卒業後、ナルゲスはイラン・エンジニアリング・インスペクション・カンパニーという会社でエンジニアとして働き始めた。就業の傍ら、改革派の出版物や新聞に寄稿を続け、主にジェンダー平等や民主主義についての懸念を綴った。自分で本も執筆し、『改革、戦略と戦法』という政治的なエッセイを出版した。彼女は1990年代初めから一貫して、人権とイランの法律と民主主義のルールについて積極的に発信している。フェミニスト運動を主導する活動家のひとりであり、同時に、ジェンダーやセクシュアリティ、人種、宗教、階級に基づくすべての差別に強く反対している。

●拘禁の記録、家族との別離、そして抵抗

1998年、ナルゲスはイラン政府を批判した罪で1年の禁固刑を科された。1999年、彼女は改革派のジャーナリストであり「New Religious Thinkers」とともに活動していたタギ・ラフマニと結婚した。しかし結婚後間もなくタギは逮捕され、度重なる逮捕で服役した期間は合計14年に及んだ。2006年、ナルゲスとタギは双子、アリとキアナをもうけた。2012年、短期間だけ刑務所を出られたタギは、自分に対して新たな4つの訴訟が起こされ

ていること、よってすぐに刑務所に逆戻りして今度はもっと長い刑期を勤めなければならないことを知った。そこで彼はイランを去り、フランスに亡命するという非常に難しい決断を迫られた。しかしナルゲスはイランに留まり、子どもの面倒を見ながら、人権にまつわる運動を続けた。ナルゲスにとってもつらい決断となった。彼女はこう語っている。

――2009年から2012年までの間、私は当局からイランを去れというプレッシャーをかけられていました。彼らは私の携帯番号を知っていて、直接電話をしてくるのです。イラン西部のクルディスタンの山岳地を歩いて国を出る方法を教えてやる、と言われました。これは私という存在をイランから消す罠なのだと勘で分かりました。幼い子どもふたりを連れて、あんな険しい山道を歩けるはずがないと訴えて、もちろん断りました。タギがヨーロッパへの亡命を余儀なくされたあとは特にしつこくて、お前のジャーナリストの夫はもうここにはいない、お前もイランを去って夫と一緒になれ、と言ってくるのです。しかし最近はもう、イランを去れとは言われなくなりました。

（筆者が2021年4月26日にナルゲスとオンラインで通話したときの言葉）

当局はナルゲスをひどく厄介な存在と見なし、強引に亡命させるか、仕込んだ脱出劇の最中に暗殺するかを、企んでいたことが分かる。しかしナルゲスはこれらの恫喝に屈することなく、イランに留まる意志を曲げなかった。だが数年のち、ナルゲスとタギは、双子はイランを去って父親と一緒に亡命生活を送ったほうが良いだろう、という結論に至った。なぜならナルゲスが再び逮捕され、定期的に投獄されるようになったからだった。

エンジニアとして働きつつ、人権侵害について書いたり語ったりすることは、イラン・イスラム共和国の抑圧的な環境では認められないことが明らかになった。2009年、ナルゲスは勤務先のイラン・エンジニアリング・インスペクション・カンパニーの職を解かれた。2010年4月、人権擁護者センターの一員という理由で、イスラム革命裁判所に呼び出された。直後に保釈金（5万ドル相当）を払って釈放されたが、その数日後に再び逮捕され、エヴィーン刑務所に拘禁された。身柄を拘束されている間に体調は悪化し、てんかんにも似た、定期的に体が動かなくなる病気を発症した。彼女が釈放されて病院に行くことができたのは1ヵ月後だ。

2011年7月、ナルゲスは再び訴追され、「国家の安全を脅かした。人権擁護者センターのメンバーである。反体制的なプロパガンダをした」という理由で有罪になった。2011年9月、禁固11年の刑が確定した。ナルゲスが言うには、この判決は弁護士から伝えられたそうだ。「前例のない23ページもの判決書を渡されました。私の人権活動は国家転覆に結びついている、という裁判所の説明が何度も繰り返し書かれていました」と言う。2012年3月、上訴した結果、刑期が6年に縮まった。2012年4月26日、彼女は服役を始めるために逮捕された（2012年4月26日付ガーディアン紙サイード・カマリ・デフガン記者による「イランの人権活動家、ナルゲス・モハンマディ氏逮捕」記事より）。

多くの個人や団体がこの禁固刑に反対し、特にイギリス外務省は「勇敢な人権活動家がイラン政府によって、またしても声を奪われた悲劇」と表現した。アムネスティ・インターナショナルは彼女を思想犯と認定し、即時釈放を訴えた。国境なき記者団はモハンマディに代わって上訴した。その日は写真家ザハラ・カゼミがエヴィーン刑務所で亡くなってから９年目の命日で（イラン系カナダ人写真家のザハラ・カゼミ＝アフマダバディは、イランで逮捕され、苛烈な拷問の末に２００３年に死亡）、モハンマディの命はザハラ・カゼミと同様に「著しい危険にさらされている」と申し立てた。２０１２年７月、国際的な立法者グループが彼女の釈放を訴えた。その面々は、米国上院議員マーク・カーク氏、元カナダ司法長官アーウィン・コトラー氏、英国の国会議員デニス・マクシェイン氏、オーストラリアの国会議員マイケル・ダンビー氏、イタリアの国会議員フィアンマ・ニレンシュタイン氏、リトアニアの国会議員エマニュエリス・ジンゲリス氏などだ。

この大規模なキャンペーンのおかげで、ナルゲスは２０１２年７月31日に釈放された。

このようにナルゲスは何度も拘禁を経験したが、その後も世の中の不正に声を上げることを、少しもためらわなかった。２０１４年10月31日、彼女はサッター・ベヘシティの墓の前で感動的なスピーチをした。この人物は拘禁中に殺害されたブロガーである。ナルゲスは「国会は、美徳を推進して悪徳を排する法案を通そうとしていますが、２年前にサッター・ベヘシティという無実の人間が尋問官の拷問によって亡くなったことについて、誰も触れようとしないのは、どういう訳でしょう」と話した。

サッター・ベヘシティの受けた暴力は、2012年に国際社会でも広く非難されたが、彼の死亡事件は未解決のままである。人権活動家が正当な理由もなく逮捕され、拷問を受ける事件はいまでもエヴィーン刑務所で起きている。

ナルゲスがおこなった10月31日の演説風景はソーシャルメディアで瞬く間に世界中に広がった。そのせいで彼女は再びエヴィーン刑務所の裁判所に呼び出された。「私が2014年11月5日に受け取った召喚状には、〝容疑〟を認めて自首しろと書いてありましたが、何の容疑なのかは書いてありませんでした」とナルゲスは振り返る（2014年11月14日付中東メディアGulf Centre for Human Rights「人権活動家ナルゲス・モハンマディ氏へ司法的嫌がらせ」記事より）。

2015年5月、ナルゲスは再び新しい容疑で逮捕された。革命裁判所第15支部は、次のように言い渡した。まずは「違法な組織（LEGAM：死刑廃止に向けて一歩一歩）」を創設した罪で10年の禁固刑。そして「国家の安全を脅かす集会と共謀」で5年の禁固刑、また国際メディアでインタビューを受け、「反体制的なプロパガンダを流布した罪」と、EUの当時の外務・安全保障政策上級代表のキャサリン・アシュトンが2014年の3月にテヘランを訪問していた際に会った罪で1年の禁固刑。拘禁中、ナルゲスはパリで暮らしているふたりの子ども、キアナとアリと定期的に連絡を取ることはできなかった。

２０１９年１月、医療が受けられないことに抗議して、ナルゲス・モハンマディがイラン系英国人のナザニン・ザガリ＝ラトクリフとともに、テヘランのエヴィーン刑務所でハンガーストライキを始めたと報じられた。

同年12月、ナルゲスと他の７人のフェミニスト活動家は、２０１９年の反政府運動で殺された人々の遺族に連帯を示す意味で、座り込みを始めた。それに先立ち、彼女は声明を発表した。その内容は、当局があまりに多くの殺人を犯していること、11月の厳しい弾圧で大量に逮捕され、囚人となった者たちが刑務所で非人道的な扱いを受けていること、この弾圧の際に国がインターネットを遮断したこと、などだった。のちの公式発表によれば、この弾圧の３日間で３０４人が殺され、数百人が負傷し、７０００人が逮捕された。しかしロイターなどの独立系通信社によれば、殺害された人数は１５００人にのぼる。この弾圧の責任は主にイスラム革命防衛隊にある（２０２０年１月８日付「Ms.Magazine」ナエレ・トヒディによる記事「イラン人フェミニスト、ナルゲス・モハンマディ氏が危険にさらされている」より）。

２０１９年12月24日、当局は、ナルゲス・モハンマディがエヴィーン刑務所内で11月の反政府運動を支持したという理由で、強制的に彼女を刑務所から追い出し、ザンジャン市の刑務所に移送した。そして悪意をもって、麻薬取引の密売人や密輸業者、軽犯罪、重犯罪といった思想犯ではない囚人たちと同じ房に入れた。

２０２０年1月の初め、ザンジャン刑務所に面会が許されていたナルゲスの母親、オズラ・バザーガンが、娘が録音した訴えを国際メディアと人権団体に公表し、助けを求めた。ナルゲスも秘かに手紙を公表し、刑務所幹部の残虐さと、それに挫けず闘志を燃やしている自分の様子を世の中に伝えた。

――私は4ヵ月半、子どもたちと電話で話すことを禁止され、司法制度と治安当局の横暴と不正に、いまだに信じられない思いでいます。私たちがストライキ――２０１９年12月終わりにエヴィーン刑務所でおこなった座り込み――を宣言したのち、所内に刑務所幹部だけではなく、治安部隊と諜報員が多く押しかけました。刑務所長は、私たちの行動を処罰しなければならないと脅し、実際にその後、私たちの面会と電話が禁止されました。

12月24日、私は弁護士が面会に来ているという手紙を見せられました。これは嘘で、弁護士などいなかったのです。私は刑務所長の部屋に連れて行かれ、そこには諜報治安省の役人も何人かいたのですが、彼らに罵詈雑言を浴びせられました。私は部屋を出ましたが、後ろから追ってくる足音がしました。所長は私の両腕を乱暴にひねりあげて逃げられないようにし、それから廊下を引きずっていきました。抵抗すると、皆で私の手をドアに叩きつけたので、ガラスが割れて手に突き刺さりました。そうして腕を捻挫し出血している私を彼らは救急車に放り込んで、車を出発させました。しかし車は２０９棟の前で止まりました。刑務所長は、私を元の独房に戻すわけにはいかない、ザンジャン刑務所に移送する、と言いました。私はイランの歌の歌詞を唱え始めました。彼らは私に襲いかかり、殴りつけ、車に押し込んでどこかに向かって走り出しました。私は服用している薬のせいで血が止まりにくくなっていて、手はずっと出血したままでした。その固まっていない傷口の上から、諜報員が強く手錠をかけました。血はザンジャン刑務所に着くまで服に滴っていました。私にとって2019年12月24日は忌まわしい日です。刑務所のトップと治安当局が、容赦ない蛮行で、私の生きるすべを奪ったのです。この刑務所で、痣だらけで怪我を負っている体を抱え、それでも負けないでいようと思えたのは、この国の誇り高き、痛めつけられた人々への愛ゆえでした。そして私の理想とする正義と自由のためでした。無実の人々が流したおびただしい血に報いるために、私は最後の瞬間まで真実を話し、圧政を拒み、虐げられた人々を擁護すると誓います。

2020年10月の釈放後も、ナルゲスが家族と一緒になることは叶っていない。彼女の夫と子どもは亡命者なので、イランに帰国すれば逮捕され、政府はナルゲスに海外渡航のビザを発行しない。しかも、ナルゲスは釈放直後に母親をコロナで亡くし、弱っている父親に寄り添っている。このような状況でも当局は彼女への監視、脅し、嫌がらせをやめていない。

しかしナルゲスは苦境にめげて活動をやめることはなく、むしろ以前より強くなった。2021年2月27日、ナルゲスはソーシャルメディアを通じて動画を公開した。それによれば、彼女は前年12月に2度、裁判所に出廷を求められた。彼女の拘禁中に起こされた新たな2

件の訴訟についてだったが、ナルゲスは出廷を拒み、どちらの容疑も否認し、たとえどんな刑が下されようとも従わないと言った。その動画のなかではまた、刑務所で彼女や他の囚人がさらされてきた、性的暴行や不当な扱いの実態、そしてこれについて彼女が２０２０年12月24日に申し立てた苦情に、当局は未だに対応していないことも明かされている。

この勇気ある行為によって、ナルゲスは自分が被告ではなく原告であることを世に知らしめた。彼女と他の囚人たちは、２０１９年11月の治安当局による反政府運動鎮圧に反対して、座り込みをおこなったが、それに対して新たに訴訟を起こされた。しかし彼女は「私たちがエヴィーン刑務所でおこなった反対運動は非暴力で、何も悪いことはしていない、違法行為でもなかった」と強調した。

２０２１年３月、ナルゲスは、イラン人権報告書の「国内死刑報告」の項目に寄稿した。

――ここ数年のナヴィド・アフカリ氏やルホラー・ザム氏の処刑は、イランにおける最も不当な死刑でした。アフマドレザ・ジャラリ氏の死刑判決は全く間違った判決のひとつで、なぜこんな判決が下ったのか、念入りに捜査されなければいけません。彼らは独房で拘禁され、恐ろしい心理的、精神的拷問を経験したあとで、死刑判決を下されています。私には、この司法の手続きが公正だとも正義だとも思えません。被告を独房に拘禁して、虚偽の誤った自白を強要し、それをこのような極刑を導き出す根拠にしている、そうとしか考えられません。だからこそ、近年のシスタン・バルチスタン州、クルディスタン州で多くの人が逮捕されている状況が心配です。死刑廃止を訴える団体の皆さんには、いま拘禁中の囚人に特に注意を向けてもらいたいです。このあと、大量死刑時代が到来しそうな予感がするのです。

２０２１年3月以降、ナルゲスは政治犯を支える新たな運動を立ち上げた。ここでは、独房拘禁あるいは「白い拷問」が、囚人の精神と心理にどれほど恐ろしいダメージを与えるのかに焦点を当てている（出来事の時間軸を整えるために、私はナルゲス本人からの情報と他の情報を組み合わせ、ウィキペディアのナルゲス・モハンマディのページを編集した）。２０２１年4月21日にウェブで公開されたＤＨＲＣの報告書からも分かるように、この日までにエヴィーン刑務所とラジャイ・シャフル刑務所に収監されている思想犯17名が、独房拘禁の違法性、非人間性を訴えて嘆願書を提出している。彼らは独房拘禁の期間を記録し、苦情を申し立て、この刑の責任者に対する訴訟を望んでいる。

報告書にはまた、かつての政治犯で独房拘禁の恐怖を経験した23名が、テヘランの司法省に苦情の申し立てをすると決意した、とある。ナルゲス・モハンマディの新たな運動「独房拘禁に反対する私たち」の結果、いまのところ40件の苦情申し立てが正式に提出されている（政治犯も「独房拘禁に反対する私たち」に参加したことは、２０２１年イラン人権報告書のウェブで公開されている）。

●イランの人権、社会運動におけるナルゲス・モハンマディの非凡な役割

ナルゲス・モハンマディはしたたかで、粘り強い、団結した市民運動の象徴的存在である。彼女は様々な団体と手を取り合うことによって、市民運動に横のつながりを作る。

この28年の間、ナルゲスは11のNGO団体の創設者、あるいはメンバーとして活動し、市民権、人権を法制化しようとしている。彼女の関わった団体は以下。カズビーン国際大学ルシャンガロン学生連合（学生啓蒙連合）、カズビーン市青年啓蒙連合、テヘラン女性連合、テヘラン・ジャーナリスト・ギルド、囚人人権擁護センター、人権擁護者センター、国家平和評議会、選挙における自由・公正・安全擁護委員会、児童死刑廃止運動、LEGAM（死刑廃止に向けて一歩一歩）、そして女性市民権センター。さらに、ナルゲス・モハンマディの名前は――シリン・エバディ、シミン・ベバハニ、シャラ・ラヒジのような著名な女性の権利活動家とともに――「100万人署名運動」あるいは「平等のための変化を求める運動」の署名の最初のほうに記されている（ナエレ・トヒディの「イラン女性権利運動と100万人署名運動、平等のための変化を求める運動」オンライン記事に詳しい）。

ナルゲスは国内外の進歩派イラン人の支持を集めており、加えて、国際的に重要な賞もいくつか受賞している。2018年アメリカ物理学会からアンドレイ・サハロフ賞、2016年ドイツ・ワイマール市より人権賞、2011年スウェーデン政府が授与する国際的な人権賞ペール・アンガー賞、などだ。2010年にノーベル平和賞受賞者のシリン・エバディがフェリッ

クス・エルマコラ人権賞を受賞したとき、彼女はその賞をナルゲス・モハンマディに捧げてこう言った。「この賞は私よりも、勇気ある彼女にふさわしい」

ナルゲスはイスラム共和制に批判的な市民社会と市民運動家に広く尊敬され、信頼されている。それは彼女が分断者ではなく調停者だからだ。彼女は進歩派のグループが分断したり両極化したりしないように、ひとつにまとめる手助けをしてきた。セクト主義を避け、全方位的な政治志向を連合させることを心がけ、多様性や多元性を歓迎する。これはイラン政治の中枢にいる大物政治家には見られない稀有な特性と言えよう。

この方法で活動するうちに、彼女自身がイランのカウンターカルチャーの象徴的存在となった。私たちの信じるカウンターカルチャーとは、狂信的なイスラム過激派の説く暴力的で禁欲的な文化に対抗し、人生を肯定する文化、つまり幸福と自由と平等を追求する文化である。現在のイランの政治家は禁欲主義を神聖視する。あるいは禁欲的で敬虔な自分こそ「神の僕《しもべ》」という顔を世間に見せつつ、私生活では不道徳にまみれている。結局のところ、偽善者の宗教的過激派なのだ。しかし私たちは、正直に、堂々と、美しさ、幸せ、非暴力、喜びを追求することが人生だと知っている。ナルゲスはそんな私たちとともにある。

（2021年4月）

理解を深めるための序文3

女性たちの連帯の輪

シャノン・ウッドコック

歴史家。人種差別や暴力のオーラル・ヒストリーを研究。ルーマニア、アルバニアなど東欧を題材にした著作多数。2017年よりオーストラリア南東部の先住民コミュニティで暮らす。

この本はナルゲス・モハンマディ氏による、イラン・イスラム共和国の抑圧的な体制とは相容れない宗教的、倫理的、政治的信条を抱いているという理由で投獄された（あるいは現在もされている）女性たちの証言をまとめた、重要なインタビュー集である。ここに登場するナルゲス氏と13名の女性は、拘禁されている最中に受けた特定の拷問について記録し、話し、論じている。その内容とは、現代イラン社会の中枢でおこなわれている、感覚を極限まで奪う拷問の一形態、つまり「白い拷問」についてである。白い拷問を記録したこの本の登場人物は、ナルゲス・モハンマディ、ニガラ・アフシャルザデ、アテナ・ダエミ、ザラ・ザクタチ、ナザニン・ザガリ＝ラトクリフ、マフバシュ・シャリアリ、ヘンガメ・シャヒディ、レハネ・タバタバイ、シマ・キアニ、ファティメ（メアリ）・モハンマディ、セディエー・モラディ、ナジラ・ヌリ、ショコウフェ・ヤドラヒ、そしてマルジエ・アミリ・ガファロキである。

これらのインタビューから浮かび上がってくるのは、イラン政府が白い拷問をいかに広く使っているかである。これまで証言を集めた書籍はなかったので、全体像を簡単に説明したい。

この本は、政治的理由で拘禁され、拷問を経験した、あるいは場合によっては現在も経験中であるという女性たちの証言だけで構成されている。政権が反体制的であると判断した女性を狙い撃ちにして拷問する経緯が、これほど詳しく記録された作品はいまのところ他にはない。「普通」の囚人である女性の拘禁状態と拷問については、作家ナヒド・ラヒミプール・アナラキの著書に詳しい（※1）。イラン女性による刑務所での回顧録は今まさに花開いている分野で、政治犯としてイランの刑務所で拷問され、生還した女性たちが英語で書いた回顧録は数多くあるのだが（※2）、モハンマディ氏が本書のなかで多くの証言と記録を集め、特に2020年にイランで何が起きていたのかを明らかにしたことは非常に意義深い。ここで経験と知識を世に伝えようとしている女性たちは、並々ならぬ努力と勇気で声を上げた。その声は力強く、痛みに満ち、行動を起こせと訴えかける。

『白い拷問』は、イラン・イスラム共和国が法の正義をいかに完膚なきまでに粉砕しようとしているのか、いかに女性たちを拷問しているのかを描き出す。女性たちは人権や宗教的自由を主張しているという理由で、あるいはイラン系英国人のナザニン・ザガリ＝ラトクリフの場合のように、他国と駆け引きをする材料として拷問されている。イスラム政権は成立のごく初期から、人質を取って囚人の家族と地域に脅しをかけ、恐怖によって社会を支配してきた。

本書の証言から、白い拷問は人に深い傷を残すことが分かるが、同時に、この方法は体制の目的を達成しえないことも明らかになる。イスラム政権は女性から愛を、家族を、仲間を、神を奪うことはできない。読者がこの本で目にする女性たちは、情熱をこめ、心からの言葉で語りかけてくる。彼女たちは白い拷問の毒を中和し、強さと連帯、愛を生み出している。

拷問はイラン社会や刑務所内において新しいことではない。ダリウス・M・レジャリやアーバンド・アブラハミアンのような学者も、前世紀から、イランでは様々な拷問手法が囚人に対してずっと使われてきたと記している（※3）。また、英米の歴史学者や外交官も指摘しているように、アメリカ合衆国政府、イギリス政府、その他無数の国々が、刑務所内の管理のために拷問を用いてきたことも忘れてはならない（※4）。

国民に多大な犠牲を強いて権力にしがみついている現イランの政治体制は、パフラヴィー王朝に対する人民の反乱が2年間続いたのち、1979年に樹立された。革命政府は王《シャー》治世の厳しい諜報活動、司法の腐敗、社会統制のための頻繁な拷問を終わらせるはずだった。しかし新政府はこれらの仕組みを更なる社会統制のために強化し、いかなる不同意も許さないイスラム体制となったのである。1979年以降、政権は個人の思想信条――社会主義、左翼主義、労働組合支持などその他もろもろ――を理由に、あるいはイスラム教シーア派以外の宗教とのつながりを理由に、市民を攻撃してきた。国は組織的に、そして社会的に、バハーイー教徒、キリスト教徒、神秘主義者〔踊りなどを通じて神との一体感を追求する宗派の信者〕を疎外した。彼らを刑務所に拘禁し、拷問し、尋問し、信仰と行動を公に撤回させようとした（アブラハミアン著“Tortured Confessions”１９９９年発行に詳しい）。

イスラム体制は法律や強硬手段を用いて、女性や民族的・宗教的マイノリティの移動の自由や、教育を受ける権利、就業の権利を制限する社会を作り出した。政治結社を作ったり、国に反論したり、声を上げようとすれば鞭打ち刑になり、拘禁され、処刑される。この本を読めば分かるように、イラン政府は標的にした家族を、世代を超えて責め続ける。政治犯の子どもを拘禁して拷問すると脅し、ときには実際そうして、その一家を完全に社会的、経済的に孤立させることもある。イラン・イスラム共和国そのものが監獄であり、刑務所の恐ろしい残虐行為と拷問がそれを物語っている。許容しがたい事態だ。

体制に対する平和的抵抗運動は屈することなく広がっている。人権グループや囚人の家族は、秘密処刑、公開処刑、大量処刑に対して、そして政府が手順を踏んでいようがいまいが不当に市民を拘禁することに関して、声を上げている（２０２１年3月1日、市民活動家のグループがテヘランの司法省の前で、収容所や刑務所で独房の拘禁を命令または執行する役人に対して訴えを起こした。これにより、国連では拷問と見なされているにもかかわらずイラン社会で公然と行われてきた処罰について、大衆の間でも意見が交わされるようになったという報告がある）。

２０２０年のコロナ禍は、政府の秘密主義のせいで、また健康保険の予算不足のせいで、そして世界からの経済封鎖のせいで、医療システムが機能不全に陥ったため、大きな悲劇を引き起こした。２０２０年には、国によって拘禁された市民や活動家が35％増加した。内訳は、宗教的マイノリティ28・９％増、表現の自由を訴えた市民52・９％増、労働組合員89％増である（２０２０年イラン人権報告書より）。１９８０年代以降、イラン政府は、宗教的、倫理的、政治的信条が政府と合わない個人の存在そのものを認めないという方針に沿って、拷問の手法を変えた。被告を痛めつけて有益な情報を引き出す代わりに、人間の精神を破壊することにしたのだ（ダリウス・M・レジャリ著“Torture and Modernity”より）。白い拷問は拘禁施設のなかで、主に独房拘禁とセットでおこなわれる、政治犯を孤立させる拷問の最も基本的な手法である。白い拷問の目的は、人間の体と心を永久に引き離し、その人の倫理観や行動を改めさせることである。

●白い拷問とは何か

著者ナルゲス・モハンマディは、イランで日常的に行われている、感覚を奪い去られる拷問について、包括的に描写し、分析している。白い拷問は長い時間をかけて、囚人のすべての外部刺激を奪い去る。その手法は独房監禁と尋問で、主に思想犯や政治犯に対して使われる。国によって司法システムの外に置かれた囚人は、裁判なしに拘禁されているので、上訴できる裁判所がない。裁判を経ない拘禁はイランで拷問と抑圧の武器として使われてきた。実際に

2020年だけで147人もの囚人がイラン人権委員会に、罪状や刑期が不明なまま拘禁されていると訴えた（2020年イラン人権報告書より）。

白い拷問の苦痛は、刑務所の構造のみならず、看守や尋問官のふるまいによっても増幅する。囚人は独房の照明を操作されて昼夜の感覚を失い、睡眠パターンを妨げられる。独房を出るときも目隠しをされる。独房や尋問室で身体的接触がすべて遮断されると、感じられるのは痛みだけ、つまりコンクリートの床と壁、そしてゴワゴワの毛布だけという状態になる。独房で唯一臭いを放っているのは不衛生きわまりないトイレで、これが囚人の嗅覚を痛めつけることも計算ずくである。食事は味気なく、毎日同じで、金属のボウルに入ったものが生ぬるい状態で出され、お茶はプラスチックのカップに入っている。この先の章では、これらのやり方がどういう影響をもたらすのかが描かれる。

たとえ囚人が白い拷問にあっていると自覚し、それが恐怖を引き起こすためのものであると理解していても、感覚を奪われると、生理的な変化は避けられず、心が不安定になる。この記録にあるように、白い拷問は根本的に体の在り方を狂わせ、健康を蝕《むしば》む。心の傷だけではなく、神経疾患、心臓発作までも引き起こす。1950～60年代に米国の多くの大学でおこなわれた心理実験によると、感覚を奪い去るこの拷問は「複雑な幻覚を引き起こし、知能レベル、認知機能を低下させ、プロパガンダを圧倒的に信じやすくさせる」（※5：ジョン・ズベックの著書に詳しい）という結果を示した。これこそイスラム政権が、殴打、尋問、独房拘禁とともに白い拷問を制度化している理由である。

他の形態の拷問と同様に、白い拷問は刑務所を出たあともダメージが続くような仕組みになっている（※6：エレイン・スカリーの著書に詳しい）。白い拷問を受けた人物は、その後も健康上の問題を抱え、人間がどこまで残酷になれるのかを知ってしまい、苦しむ。「白い拷問は、すべての人間、すべての物事を信用できなくなる状態を作り出す。犠牲者の言葉は外の世界では信じてもらえない。このせいで囚人は孤立に追い込まれ、体制の目論見どおりになる」（アミール・レザネザドによる未発表原稿「拘禁と拷問の影響力についての考察」より）。白い拷問下にある囚人は極限まで感覚を遮断され、わずかな刺激にも飛び上がってしまう状態に置かれているので、釈放されてからも、何気ない日常の物音に怯えることが生理現象になってしまっている。特定の音や味、人の動きが独房のフラッシュバックとなって蘇ることも多い。

本書の翻訳者であり、この導入部を一緒に考えてくれたアミール・レザネザドが、出所後の囚人がいかに白い拷問の影響から逃れられないか、次のように語った。「家族や友人といたいと願うのに、一緒にいると耐えられなくなる。沈黙に怯えると同時に、人の声や物音が我慢できない。日常の片隅にいつでも不安があって、安眠できない。悪夢に自分と尋問官が出てくる、独房のときもあれば尋問室にいるときもある。いま現在自分が住んでいる場所のこともある。どこにでも現れる」

一度拘禁された人物は、いつでもまた拘禁される可能性があることを知っている。これも意図的な拷問だ。体制にとって白い拷問は使い勝手が良く、その破壊力は驚嘆すべきもので痛みに満ちている。ナルゲスが国家を脅《おびや》かす陰謀を掲げた、という理由で拘禁されたとき、「独房を出る唯一の手段は告白、改悛、協力」と言われたそうだ。体制は情報を引き出そうとはしていない。そうではなく、人民を、特に女性を屈服させることが目的なのだ。国は、国家の安定を脅かす宗教的、倫理的、政治的信条を持つ女性たちを排除するためなら、どんな強硬手段も辞さないと見せつけたいのだ。

迫害と拘禁が女性に及ぼす影響は、男性へのそれとは異なる。イラン女性は警察に執拗にマークされており、労働市場や社会で従属的な立場にあることが多く、孤立すると社会的、経済的に困窮してしまう。また女性は母親であり、家族のケアの担い手でもあるので、拘禁と拷問で男性よりも弱い立場に追い込まれる。これは2020年1月、オンラインメディア「イランワイヤー」に掲載されたシャヘド・アラヴィーの記事でも触れられている。ちなみに男性は拘禁されて家族が迫害され、子どもと引き離されても苦しまないと言っているわけではない。誰しも愛する者、愛してくれる者から引き離されれば苦しむものだ。

イラン社会における女性は、子どものケアの主たる担い手なので、そこを突かれる。尋問官には「恥知らずな信条」のせいで子どもに害を及ぼしていると責められる。もちろん女性も拘禁される前にこの代償を分かってはいるが、尋問官はそこにさらに塩を塗り込むように、被告を社会的に恥ずべき汚名を着せられた存在だとなじる。体制はまた、拷問の一手段として、拘禁中の母親を子どもに会わせない。ラヒミプール・アナラキは2019年のイラン刑務所の研究のなかで、「女性囚人は子どもを通じて刑務所体制に支配されている」と述べている（“Prison in Iran" より)。

ナルゲスには尋問官の戦略が分かっていた。彼らはナルゲスの活動に関する情報をすべて把握しているにもかかわらず、彼女がいかに子育てに失敗し、悪影響を与えているかを争点にした。彼女に人権擁護者センターの役職から退くよう命令し、拒まれると、白い拷問を続け、週に1度の家族との電話も禁止し、屈服させようとした(ナルゲス・モハンマディは、体制が母親の拷問にいかに子どもを利用するかについて、オンラインメディア「イランフォーカス」で2017年に発表した)。本書に登場する女性たちは不屈の精神で、正義のために声を上げることと、子どもを育てる権利の両方を求めている。イスラム体制が体制維持のために使っているのは、暴力的な拷問である——どんな基準に照らし合わせても、人の道に反している。

この本に登場する14人が受けた白い拷問の記録を読めば、女性を黙らせるために、刑務所はどこまでやるのかが分かるだろう。ここに挙げられている個々の体験談は、イランの現代社会で拘禁され迫害されているマイノリティを単なる数として把握するだけではなく、その実相を知るうえでも、貴重で示唆に富んでいる。

証言をした女性たちは現在拘禁中か、最近解放されて新たに告発されているかのどちらかである。彼女らは過酷な拷問の内容を、刑務所のなかで言葉に紡いだ。ナルゲスが囚人の声、知識、感情を集めて、白い拷問の正体を明かしたことは偉業と言える。なぜならこの拷問こそ、そのような能力を奪う目的で考え出されたものだからだ。インタビューに協力した女性たちは証言を編集したり読み返したりできないので、アミール・レザネザド氏が大切に文字に起こして翻訳した。読者には、証言者たちの受けていた恐ろしい重圧を考えながら一言一句を噛みしめて、細部までよく読んでほしい。レザネザドが考えるに、本書で、ある物事について何度も説明が繰り返されるとすれば、その繰り返しこそが、彼女たちに刻み込まれた出来事とトラウマを示す重要なポイントになっている。彼は沈黙に抗《あらが》って声を上げた女性たちの精神力に感嘆し、ときには文学的な香りさえする証言を取りこぼさないように、賛辞を込めて翻訳した。

白い拷問の与える衝撃はどれほど言葉を尽くしても語り切れない。本書の女性たちは、イスラム体制の裁判官、諜報員、看守らに痛めつけられながらもインタビューに協力し、結果的に本作は学術的にも極めて貴重な資料となった。

この本の証言は、残酷な白い拷問のなかで生き抜くために強くならざるをえなかった人間のものである。ここに記されている言葉は、体制内部の人間には見えていない、圧政者の恐れと脆《もろ》さを見抜いている人間のものである。拷問という手法が、彼女たちから人間性、信念、正義、愛を奪うことができなかった記録である。国の圧倒的な暴虐に立ち向かい、真実を語りかけてくる言葉である。イラン政府は白い拷問で囚人の体から魂を引き離そうとしている。しかしそれに抵抗する過程で女性は個人の生存以上のもの、より大きく、力強いものを打ち立てた——連帯の輪だ。

（2022年）

獄中手記

——ナルゲス・モハンマディ

ナルゲス・モハンマディ

私の夫タギ・ラフマニは、愛国宗教運動家評議会とフリーダム・ムーブメントのメンバーとともに逮捕された。そこで逮捕者の家族は、2001年3月19日、イスラム革命防衛隊（IRGC）と司法制度による今回の逮捕が不当であると抗議した。抗議の一環として、私たちは裁判所、国会、国連事務所の前でデモ行進をした。また、逮捕に関わった機関についての報道を国内外でおこなった。このせいで私はハッサン・ザレ・ハダッド（ハッサン・ザレ・デナビ、通称ハダッド裁判官はテヘラン革命・一般検事局の検事補佐。多くの人権侵害で訴えられ、囚人への非人道的な扱いで有名。2020年10月に死去）、つまり「ハダッド裁判官」が率いるイスラム革命裁判所の第26支部に呼び出された。IRGCの尋問官が来た。革命裁判所の一室で、彼は持ってきた新聞に掲載されている報道記事について、私にいくつか質問した。

それから私は第26支部に連れて行かれ、そこで逮捕された。

尋問責任者の命令で逮捕されたとき、裁判官はまだ裁判所に到着すらしていなかった。裁判所は裁判官に電話をして、私の逮捕状に署名をするよう求めた。私はそこで1時間ほど裁判官が来るのを待っていたのだが、裁判官は到着するや、一言も発することなく、誰にも何も質問せずに、逮捕状に署名した。尋問官が私を連れ出した。

私たちは革命裁判所の裏口から出て、プジョーに乗り込んだ。頭を下げるよう言われ、目隠しをされた。そこから何ブロックか先で降り、大きな扉のあるビルのなかに入っていった。そこを出ると今度は長い距離を走った。外の通りはとても静かでひっそりとしていた。目隠しをされたまま車から降ろされ、建物に入った。

●「3歩歩けば壁」の独房

人里離れた城に来たような雰囲気だった。私は刑務所に連れて行かれ、独房に入れられた。独房に入れられたのは初めてだった。なんとも奇妙な場所だった。窓はなく、どんな隙間もない小さな箱。頭上にはごく小さな天窓があったが、自然光はほとんど入ってこない。壁のずっと高い場所に穴があいていて、はめこまれた100ワットの小さな電球が点きっぱなしになっている。

それ以前にホダ・サベール（イランの知識人、活動家で2011年にエヴィーン刑務所でハンガーストライキをおこない、ほどなく心臓発作で亡くなった）から、昼も夜も強烈な光でプロジェクターの映像が映し出されている独房の話を聞いたことがあった。独房は人ひとりが両手を広げられる程度の大きさしかない、そして完全な静寂に支配され、聞こえる音といえば、トイレや祈りの前の清めのために、1日に3～4回ドアが開いたり閉まったりする音だけ、ということも聞いていた。独房がどのように人間に作用するのか、私は聞いたことを思い返してみた。

それは白い拷問であり、洗脳だ。いままで人の体験談としてしか知らなかった状況のなかに、自分が置かれている。そしてそれがどれほどひどい傷を残しうるのか、私はよく知っていた。にわかに、とても恐ろしくなった。

ここがどこなのか、何をされるのかも分からなかった。刑務所でこれからどんな罰が与えられるのか知らされず、先のことは一切不明という状況は、死に至る毒にも似ている。人間に対してこんな仕打ちがどうしてできるのだろう。息を吸い、歩き、自由にトイレに行き、人々の話し声を聞き、話しかける、これらの権利はどこにいってしまったのだろう。最も基本的な権利を奪われたことは、起訴内容や裁判と判決について考えるよりもずっと怖かった。

何時間そうやって独房に座っていただろうか、ドアが開いて「出ろ」と言われた。出る前にコートを着てヒジャブを被り、目隠しをした。廊下を歩いていると物音から囚人が男性ばかりだと気づいた。看守に言われるまま目隠しを不器用にきつく巻いていたせいで何も見えず、ちゃんと歩けなかったので、男が私の前に来て誘導した。

何歩か歩いたら棟のエントランスを通り抜けたようで、男に右に行くよう体を押された。右を向くと、壁にぶつかった。ふたりの男が私の背後で笑っていて、心底腹が立った。

私は小さな部屋に連れて行かれ、そこで何枚か写真を撮られ、また目隠しをするように言われた。そして独房に戻された。ドアの鍵が開いたり閉まったりする耳障りな音は、体を実際に引っかかれるように痛かった。私はトイレに行きたくなったらドアの下から出すようにと、色のついた紙を渡されていた。紙を出すと看守が来たので、トイレに行きたいと訴えたが、目隠ししろと命令された。「いやです」私は答えた。「さっき廊下でされたことは屈辱的です、あなたがたは笑ったでしょう」。彼はドアを閉めて行ってしまった。私が色紙を出して、男が来る、しかし私が目隠しをしないので男はドアを閉めて去る、ということが何度か続いた。ついに私は叫びだし、看守のひとり、とても暴力的な男が来た。男は独房の中にいるときはドアのすぐ後ろに立って、看守たちを見ないようにしろと命令した。私は立ち上がって話し始めた。この男は責任者なのだろうと思い、さきほどの出来事を話し、だから目隠しをしたくないのだと説明した。

看守らはラジオを持ってきて音量を上げ、他の囚人に私たちの声が聞こえないようにした。彼らは近くの房に会話を聞かれないよう、非常に気を遣っていた。やっと、ヒジャブで頬まで覆って、頭を下げていればトイレに行って良いということになった。廊下を歩く間、看守がずっと後をついてくる。トイレまでの通り過ぎた房に、女性囚人はいなかった。そこは男性刑務所だったのだ。

のちにドクター・バニアサディ、ドクター・ガラビ、タバソリ氏、サバギアン氏、他にもフリーダム・ムーブメントのメンバーが近くの房に収監されていたことを知った。私は見るも不衛生なトイレに入った。トイレのドアのすぐそばから看守の声が聞こえたので、もっと離れた場所に立ってくれと頼んだ。男はどこに立とうが関係ない、お前はそこで用を足すしかない、と言った。男に洗面所で手を洗うように促された。ゴルナー・ソープ（イランではお馴染みの昔ながらの石けんブランド）を手に取ると、ぬるぬるに溶けて指から滑り落ちた。それから独房に戻された。廊下では一言たりとも言葉を発してはいけなかった。

シャワーを浴びる日になると、男性看守がやって来て、シャンプーを渡し、シャワーを浴びられると言った。トイレに行くとき同様に、彼も私の少し後ろに立った。

私は慄《おのの》きながらシャワー室に足を踏みいれた。恐ろしく不潔な場所だった！　しかし他に道はない。私はシャワー室の真ん中に立って、なるべく何も触れないように気をつけながらシャワーを浴びた。髪を洗うときも絶対に目を閉じなかった。シャワー室に鍵はついていない。ドアだけは閉まる。私は何度もまばたきしながら、誰かが入ってくるのではないかとドアから目をそらさなかった。全く安心できなかった。トイレでもシャワー室でも、看守にもっと離れてほしいと何度も訴えたが無駄で、その状況に耐えるしかなかった。

ある日、私が独房のわずかな隙間から廊下を覗いていると、老人が誰かに付き添われて介抱されながら歩いていくのが見えた。老人は頭にタオルをのせていた。ひどい熱波に襲われた2001年9月のことだ。暑さのせいで老人が体調を崩し、外に連れて行かれるのだろうかと思った。老人はタヘール・アフマドザデ（1979年革命後初のコーラサン知事で、フリーダム・ムーブメントの中心的人物、1921〜2017）で、付き添っていたのはミスター・ナイムプール（フリーダム・ムーブメントのメンバー）だったのだが、それが分かったのは私が出所してからで、この時の光景を思い出して彼が誰だったのか初めて分かった。

イシュラタバードの軍収容所は、看守、囚人、スタッフ、医師、すべてが男性で女性は私しかいなかった。フィローゼ・サベール（ホダ・サベールの妹）も私より前にこのような経験をしており、しばらく収監されていたことを思い出した。彼女はラジャエイ氏（イラン人ジャーナリスト、現体制には宗教的に反対の立場）を見たそうだから、同じ収容所に収監されていたのかもしれない。

停滞した時間のなかで、昼と夜が続いていく。時が止まっているかのようだった。私は時計を持っていなかったので、1日3回のアザーン［祈りのための呼び声。モスクからスピーカーで流れてくる］だけが、時間を知る手がかりだった。独房のなかは3歩しか歩くことができず、歩き回ろうとすれば目が回るが、耐えるしかなかった。ずっと座っていると、壁が自分にのしかかってくるように感じた。夜眠る前、歌のレッスンで習った曲を歌ったが、そのたびに看守がドアを開けてやめろと言う。私は小さな囁き声で歌った。誰の声も長いこと聞いていなかったので、少しでも大きい声を出すと、自分の声に驚いてしまった。

ある日、私がヒジャブもコートも着ないで祈りを捧げているときに、看守がドアを開けた。私が祈りの最中だと分かって一瞬たじろいだが、尋問があるから来いと言った。尋問に連れて行かれる間、看守は新聞を丸めて端を私に握らせ、自分は反対の端を持っていた。

尋問のおこなわれるエリアには小さな部屋が集まっていて、男性の声がときおり聞こえてきた。私が尋問室にいるとき、夫のタギが連れて来られたことがあった。タギは驚き、表情を硬くした。言葉を交わす時間はほとんどなかった。彼は二言三言、短く私に話しかけ、運動をするようにとアドバイスをくれたが、すぐに連れて行かれてしまった。私は夜も尋問された。

あるとき、あまりにも夜遅かったので、私の独房で尋問がおこなわれたことがあった。最初の尋問官が呼ばれていなくなると、別の男が入ってきて、私に椅子の向きを変えるように言った。すると目の前にハダッド裁判官がいた。彼は私の前に座り、自分がいかに囚人たちの身を案じ、彼らの命を救おうとしているか、語り出した。その日の朝、私は気分が悪くなりバキヤタラ病院に連れて行かれたばかりだった。彼に夜は眠れているのかと聞かれたので、「一応は。でもあまりよくは眠れません」と答えた。「独房が落ち着かないんです。頭の下に毛布を敷いて、さらにその下にも毛布を広げていますが、顔も体もひどく擦れて」

彼はそれからしばらく話して出て行った。そのあとでさっきの尋問官が現れ、尋問の続きが始まった。独房のなかは暑くて、息を吸うことすら大変だったので、運動など不可能だった。食欲もなくなった。食事を受け取るものの、食べずにそのまま返した。看守に何度も何度も、独房のドアの端を少しだけ開けておいてくれないかと頼んだ。ドアがずっと閉じたままだったせいで、気分が悪くなったのだ。のちのセラピーで、自分は閉所恐怖症だったと知った。

独房にいることはつらく、耐えがたかった。そこを出るためなら心臓発作を起こしたかった。私の活動について聞かれることはなく、進行中の捜査もなかったため、この先何をされるのか、全く分からなかった。私は常に脅されていた。タギは死刑になる、終身刑になる、と言われた。「タギは帰って来ないぞ」と尋問官があるとき言った。「自分の身は自分で守るんだな」。ひどい言葉だった。私は泣いた。涙があふれてきたが、その場では泣かないようになんとか頑張った。狭い尋問室のなかで、私は壁に向かって座り、尋問官はそのすぐ後ろにいた。私が話をしている間、尋問官がペンの先で私の肩を何度も突いてくるので本当に頭に来た。

私が素足に履いているスリッパは普通のサイズの倍ほども大きかった。その足が氷のように冷たくなった。尋問官は私の体の異変に気づいた。夜のことで、その日、私は夕食を食べなかった。尋問官にミント・シロップを差し出され、あまりに気分が悪かったので飲み干した。

尋問官が良いと思ったときだけ、彼らは私を外に出して新鮮な空気を吸わせたが、そのような日課はあの場所には全くなかった。食事はステンレスかアルミのボウルに入っていて、水は古いプラスチックのカップで渡された。朝食、昼食、夕食以外には何ももらえない。食事の内容は粗末でほとんど食べられなかった。独房に座っていると世界が止まってしまったように感じた。不安と恐怖に押しつぶされそうだった。自分が悲しいのか落ち込んでいるのかも分からず、もはや人間ではなくなったような気がしていた。

●2010年6月　3歳の双子を置いて2度目の収監

［再び収監されたのは］双子の我が子、アリとキアナが3歳半になったところだった。キアナはその頃手術を受けた。私たちは娘のお腹の両側にできた手術跡の検査のため、病院に行って夜

の10時過ぎに帰宅した。急いで子どもたちを寝かしつけようとしていたとき、玄関の呼び鈴が鳴った。役人たちが庭に立っていた。何人かが家のなかに入ってきて、物色し始めた。子どもたちは寝る時間だったのに泣き出した。アリは普段から私の足の上に乗って寝るので、足の上に乗せるとすぐに寝た。私はキアナを抱いた。この子は何をどうしても熱が下がらず、寝つかなかった。むずかって、私の首に両腕を巻きつけて、家じゅうをひっくり返している男たちを見つめていた。

行かなければならない時が来た。キアナから離れることは人生で最もつらく、胸が張り裂ける瞬間だった。タギの腕に抱かれているキアナは「ママ、行かないで」と泣いている。役人たちは階段の途中で立ち止まって、早くついてこいと命令した。私が階段を半分ほど下りたところでキアナがか細い病気の子の声で「マーミー……、こっちに来てキスして」と言った。私は役人のほうを見た。「行け!」と彼は言った。私は階段を駆け上った。そして娘に思い切りキスをした。娘は熱があったが、私も娘と離れるという痛みで体が焼かれるように熱かった。階段を下りきると、無感覚でどんな力も残っていなかった。震えませんように、と祈った。後ろでドアが閉まり、私は心を家のなかに残して、車に乗り込んだ。

真夜中で町は静まりかえっていた。私の乗っている車と、その前を走っている車はエヴィーンまでスピードを出して走り続けた。刑務所の重い鉄の扉が開いて、私はそのまま諜報治安省の手に引き渡された。彼らはその場ですぐに私に目隠しをした。廊下の前に、分厚く汚らしいカーテンがかかっていて、彼らはそれをまくって、私をなかに入れた。女性看守が私を独房まで誘導していく。そして裸になるように命令した。

「なんですって？」と私は驚いた。「下着も脱ぐんですか？」

彼女はそうだと言った。

私たちは口論になったが、彼女はどちらかと言えば暴力的な人物だった。当然このようなやり方に慣れていて、不運にもそれまで物事が自分の思いどおりになってきたのだろう、私の不快さには露ほども注意を払わなかった。


刑務所に足を踏み入れた瞬間から、このような女性たちの傲岸さと横柄さにショックを受けた。自分たちの行為を恥じる様子が全くないことも信じられなかった。何かすごいことをやり遂げたとでも言いたげな様子なのだ。看守から、ズボンとコートのような、真っ赤なナイロン製の囚人服を渡され、着るようにと言われた。私はもっと着心地の良い服がほしいと抵抗したが、とにかく着なさいというのが彼らの答えだった。次に黒地に白い花があしらわれたヒジャブを渡され、髪を覆うよう言われた。それから目隠しを渡されて目を覆えと言われ、さらに頭の上からすっぽりチャドル［顔以外の全身を覆う大きなベール］を被らされ、尋問室に連れて行かれた。そこには男がふたりいた。ひとりはテーブルを挟んで私の向かいに座り、もうひとりは私の背後にいる。彼らは脈絡のない質問を次から次にしてきたが、私はまだ罪状認否すら済んでいなかったので答えなかった。

背後の男が私の不道徳な行いをあげつらった。社会不安について、公園のような公共の場所でさえ安心できない、娼婦が現れる、などといった見当違いの事柄を並べたて、人権擁護者センターの活動や、そこに私が関わっていることを批判し始めた。ここに至ってついに堪忍袋の緒が切れて、自制心を失ってしまった。私は立ち上がり、振り返って男に面と向かって言い返した。自分が恥ずかしくないのか？　女性を、夜自宅にいるときに、幼いふたりの子から引き離して、夫の面前で逮捕し、尋問し、中傷することを、恥じてはいないのか？

私は大声を出していた。すると彼もまた怒鳴ってすごんだ。私のこの態度は、少なくとも1年の禁固刑に値すると言った。私は尋問官の机からA4の紙を取り、苦情を書き始めた。男は私の苦情の紙を持って部屋を出て、数分後に戻ってきた。その手には、私が椅子から立ち、振り返り、尋問官の顔を見た、という私に対する苦情書を持っていた。もうひとりの尋問官は、私にはアメリカとイギリスの諜報機関と内通しているスパイ行為の嫌疑がかかっている、と言った。私は反論した。罪状認否が済む前に、彼らは関係のない事柄で私を散々責めたて、その質問は書面にまでなっていたのだ。

「まず自分がどんな罪状で告発されているのか、知るべきですよね?」と言った。「こんな質問に答える必要があるのか知るためにも」。口論は何時間も続き、やっとのことで私は独房に連れ戻された。

独房はイシュラタバードのものより広かった。天井と壁のコンクリートはクリーム色に塗られていた。殺風景な空間。床にはとても古い絨毯と、軍用毛布が3枚置かれていた。私は「ベッド」を作った。1枚の毛布を体の下に、もう1枚を折りたたんで頭の下に、最後の1枚を体の上にかけて眠った。朝になり、プラスチックのカップに入ったお茶と、チーズひと切れとパンが与えられた。それから尋問室に連れて行かれた。私は、とにかく罪状が告げられていないのだから、彼らのやっていることは違法行為だと主張し続けた。

そうしてついに、キアンマネシュ氏（当時の刑務所機構の副代表・顧問）の待つ裁判所へ連れて行かれた。私は説明した。自分はおよそ1ヵ月前、反体制的なプロパガンダをしたという今回と同じ罪で仮釈放になっている。革命裁判所第4支部のヤマリ氏の決定だ。キアンマネシュ氏はその内容を検察に向けて書くようにと言った。私はそれを書きあげ、この違法な拘禁について調査をするよう頼んだ。私はすでに一度裁かれた罪で再び逮捕されたのだ。彼は調査すると約束し、私は房に戻された。しかし尋問官たちはこのやり取りを知ったあとでも、私を拘禁し続け、尋問は続いた。

●人生を破壊され、基本的な欲求を奪われる

2010年の独房での経験は、私が母親になっていたので、2001年のときとは決定的に違っていた。子どもたちはまだ小さかった。ご飯を食べさせ、寝かしつけ、あやし、お風呂に入れ、お話を聞かせ、一緒に遊んでいた。それがいきなり、すべて奪われてしまった。もう自分が自分でなくなったようだった。こうなる前、アリとキアナが自分の腕からいなくなってしまうなどと、想像できただろうか、そんなことに耐えられただろうか。すべてを失ったに等し

かった。手足をもがれたのと同じだった。

罪を告白し、改悛し、協力しないかぎり独房から出ることは叶わなかったので、尋問は苦痛だった。私は再び裁判所に呼び出された。今回は私の逮捕状を出したキアンマネシュ裁判官の法廷ではなく、モヘビ氏の法廷だった。モヘビ氏は法を悪用し、私が国家治安を乱す陰謀を唱えたという新たな罪を作り上げ、拘禁の理由とした。彼が逮捕状を出したのは、私が逮捕されてから何日もあとだった。起訴の根拠は一体何なのか、私は尋ねた。「なぜ最初の起訴内容と違うのですか?」と尋ねた。「なぜキアンマネシュ氏は初めからこの内容で起訴しなかったのですか?」と。

しかし彼はキアンマネシュ氏の事情など知らないと答えた。これが彼のやり方だった。私は薄暗い独房に戻された。弱々しい電球が点きっぱなしになっている。天井のすぐ下のとても高い場所に窓があって、太い鉄格子がはめられていた。格子の隙間から空は見えず、光だけが入ってきた。窓はずっと閉まっていて、わずかでも新鮮な空気が入ってくることはない。私がいた場所は2番通路で、独房は24号室だった。死のような静寂。光、空気、匂い、音、それらを奪われると、人は生き物として自然な状態からかけ離れたものになる。独房のなかの人間というのは、缶詰に閉じ込められている人間缶詰と同じだ。私は常々そう思っている。

独房のドアは外側から鍵がかかっている。鉄の小さなのぞき窓も外からしか開かない。窓も外から鍵がかかっていて、そもそも開いたことがない。すべてのものに鍵がかかっている。光は鍵の向こうにある。音は鍵の向こうにある。囚人は鍵を壊すことができない。この閉ざされた空間が恐ろしくて、自分をなんとか安心させようと理論的に考えた。鍵のかかったドアや窓が自分を襲ってくるわけではない、怖がる必要はない、こんなことは自分には通用しない、と。しかし不安のほうが勝った。

尋問官や、看守、囚人に会いに来る弁護士は、ベルを鳴らして囚人を尋問に連れて行く。このベルは一般家庭の古い呼び鈴のような音がする。この音にどれほど心をかき乱されたか、経験したことのない人には想像できないだろう。ベルの音に次いで女性看守の足音がする、コツ、カツ、コツと。もし足音が自分の独房の前で止まれば、尋問されるのだと恐怖に襲われる。もし足音が通り過ぎれば、なぜ自分は取り残されたのか、あとどれくらいここにいれば良いのか、と心配になる。出所後も、この音は私が寝ている間も起きている間もたびたび蘇った。恐怖が血管を駆け巡り、身震いしてしまう。

2日に1回、外気に触れる日があった。中庭を2分だけ、コートとヒジャブ、そしてスリッパ姿で歩くことを許されていた。中庭は寒々としていて、高い壁に囲まれ、天井には鉄格子があり、花や木は1本もない。シャワーは1日おきだった。トイレに行く回数は許される上限が決まっていた。もしそれ以上の回数、合図してトイレに行きたいと訴えると、看守に脅された。看守は囚人とは言葉を交わさないように、挨拶さえしないように徹底していた。囚人が人間的なやり取りをすべて奪い去られ、独房に閉じ込められていることは、ごく当たり前なのだという様子だった。

ある晩寝ているとき、記憶と寸分違わぬ、キアナの可愛い唇が頰に触れたのを感じた。温かさも感覚も、あまりにリアルだった。キアナが私をのぞきこんでいる。生々しくて、いまでも夢だったとは思っていない。キアナは確かに、独房の私の隣にいた。両手を広げて娘を抱き寄せようとすると、その手が空を掻いた。はっと目を開け、娘を逃すまいと腕を伸ばした。すると私は独房にひとりだった。そこにキアナはいなかった。その晩はひどく泣き続けた。あの日の涙を一生忘れることはない。

また別の日、オレンジを与えられた。私は1日に1房ずつ大事に食べて、なるべく長持ちさせた。皮は取っておいて地球の形のオブジェにした。キアナという言葉には、魂と自然の本質、という意味がある。そしてこのオレンジこそ私の命の核だった。私はその周りを歩き、まだ術後の回復途中にあるキアナのために祈った。尋問の最中、アリとキアナに会いたいとたびたび訴えたが、尋問官にはまるで響いていないようだった。

ある日、エレベーターに乗せられ、2階下に連れて行かれた。尋問官が「マスターが来た」と言う。私はビデオカメラとプロジェクターのある部屋に入れられ、虚を衝かれた。背の高い中年男性がスーツ姿で立っていた。もし外で会っても尋問官とは決して分からないであろう人物だったが、「マスター」だということは伝わってきた。表情が氷のように冷たく、微動だにしない。私が、子どもがまだ幼く自分は母親なのだと訴えると、彼は「ガザで苦しんでいるのも母親ではないかね?」と言ったのだ。この言葉は彼がどういう人物なのか表していたので、この人は話が通じないということがよく分かった。

彼はバザルガン（メフディ・バザルガン、1979年イラン革命後の初代首相。アメリカ大使館人質事件に抗議して就任の年に辞任）やサハビ（エザトラ・サハビ、イラン人政治家、ジャーナリスト、そして反体制を掲げるイラン愛国宗教運動の指導者）のような人物や知識層による運動はすべて不信心で非イスラム的だと、まくしたてた。私が部屋から出たときには全身のエネルギーをすっかり奪われていて、歩けないかと思ったほどだった。そして、尋問官のなかには囚人の気力を奪い去り、心理的に追い詰める訓練を受けた者がいる、と聞いたことを思い出していた。

尋問官は私の人権擁護者センター、国家平和評議会、投票保護委員会での活動、あるいは未成年の死刑に対する反対運動には触れなかった。本当はこれらの活動こそが「国家の安全を脅かす運動」であったはずなのに。

尋問では、私が「反体制的なプロパガンダをした」点については疑念を挟む余地がなかった。尋問初日の夜から、彼らは根拠のない仮説を並べ立て、最後までその調子だった。その仮説とは、人権擁護者センターがミズ・エバディを通じて西側諸国の諜報機関によって設立され、私たちも西側のスパイだというものだった。それを裏付ける書面などの証拠は一切ない。

彼らの要求は奇妙だった。事前調査の類いは全くなかった。ある日、尋問の最中に、人権擁護者センターの解体を書面で宣言するようにと言われ、私は拒否した。すると彼らは別の要求を出してきた。私に人権擁護者センターの副代表を辞任しろと言うのだ。段取りまで決めていた。「ソルタニとセイフザデ、それにダドカー（アブドラファタ・ソルタニ、モハマド・セイフザデ、セイド・モハンマディ、アリ・ダドカーは人権擁護者センターの共同設立者）を来させる」と尋問官は言う。「彼らの前で、お前は人権擁護者センターの副代表ではなくなった、と言えば良いだけだ」。私はもちろんこれにも従わなかった。

また別の日には、私たち（人権擁護者センター）がミズ・エバディに協力することをやめたと、公的に宣言するよう迫られた。その年の少し前、シュラワルディで尋問されたときも、ミズ・エバディとの共闘をやめろとしつこく責められていた。もし彼らに協力すれば、諜報治安省は多大な便宜を図るそうだ。私たちにオフィス設備を与え、海外渡航の許可を出す、また外国人とともに人権についてのセミナーやミーティングに参加したり、そういう会を主催したりすることも許されるようになる、と言われた。私は突っぱねた。

ついに彼らは最後の手段で、私に改悛と反省の手紙を書かせようとした。ある夜、尋問室へ呼び出された。「明日に備えるんだな」と尋問官が言う。「お前はカメラの前で、自分の行いを反省し、人権擁護者センターを辞任すると宣言しろ」。私はそんなことはしないと反論した。独房に帰ると、体じゅうが汗びっしょりだった。このような口論や争いに冷静に対処しようと心がけたが、あまりに無理難題を要求されるので、難しかった。

刑務所の敷居をまたいだ瞬間に、倫理観は忘れられ、人間性は崩れ去るものなのだ、私はそう感じていた。尋問官は私が本当はどういう人間なのかを知ろうとはしていない。彼らの望む人物像に、私を作り替えたいのだ。実際には彼らも私をスパイや裏切り者とは思っていない。たとえ嘘でも人権擁護者センターが西側諸国の諜報機関とつながっていると私に認めさせ、反省の手紙を書かせようとしているだけなのだ。そんなことに何の意味があるというのか。

尋問官のなかには、私の家事能力について説教する者もいた。「恥ずかしくないのか？」と彼は言う。「お前は検査技師で、夫は作家だ。我々が家に行ったとき、中の様子を見たぞ。それより聞きたいのだが、なんであんなに良い暮らしができるんだ？　でかい家と家具に囲まれて？」。尋問官は私の何であれ、すべてについて、断罪し、責め立てた。この態度はアリとキアナのことを話すときも変わらなかった。

人はこのような状況に置かれ、人生を破壊され、基本的な欲求まで奪われると、忍耐力、苛立ち、不安、狂気が限界を超えるギリギリまで追い詰められる。お前の子どもたちには母親がいない、お前の活動は永遠に報われない、と叱責され、けなされる気持ちがどんなものか、想像してみてほしい。

母親である私は、アリとキアナにとにかく会いたかったのだが、彼らはそれにつけこんで、尋問の最中に子どもの動向を織り交ぜることがあった。たとえば、あるとき尋問官が来て「子どもたちが連れて行かれたぞ」と言った。私は立ち上がり、「どこへ？」と叫ぶ。

「テヘランから、お前の義理の母親がいるカズビーンに連れて行かれた」

アリとキアナは自分たちのベッドの上では寝ていない、あの子ども部屋にはもういない、おもちゃも置いたまま、いなくなってしまったのだ、と思うと胸がつぶれた。涙がこぼれそうになった。尋問官はそのまま私を放置した。私は椅子に座っていたのだが、体調がとても悪かった。気づくと尋問官は出て行ったあとで、私は独房にひとりだった。立ち上がり、耐えがたい頭痛を抱えながら、マットも敷かずに祈りを捧げた。神は私の苦しみの瞬間をすべて見ていただろう。

●独房の壁に刻まれたメッセージ

拘禁されて8日目のことだった。長い尋問のあとで独房に戻された。両手の感覚がなかった。足もそうなりかけていて、動かせなかった。これ以上ひどくなる前に看守に言ったほうが良いと思い、看守が来たので私はちょっと具合がおかしいと説明した。彼は立ち去り、それから戻ってきて、「チャドルを被れ、病院に行くぞ」と言った。

4番棟には、4つのベッドと心電計、医療器具などを備えた部屋が1室ある。囚人の具合が悪くなったり、何か起きたりしたときには、そこに連れて行かれて医師が診察する。私は立ち上がり、チャドルを被って歩き出した。まだ廊下を数歩も進んでいなかったと思う。どうなったのか自分でも分からないが、床にばったり倒れ込んでいた。少し目眩《めまい》がして体が重かったが意識はあった。両脚に力が入らず、全く動かせなくなった。体が麻痺したかのようだった。口のなかで舌がもつれている。話もできない。声が途中で出なくなって、言っていることが意味をなさなかった。

私の倒れた場所の目の前の独房から、叫び声があがった。囚人はドアの隙間から何時間でも廊下を眺めているのだが、おそらくこの時もそうしていた誰かが、倒れた私を見たのだろう。

3人の男がやって来て、毛布を床に広げ、私の手と足をつかんでその上に乗せると、毛布を持ち上げて209棟の医務室に連れて行った。私は心電図をとられ、何かの注射を打たれた。

その夜から、同じことが起きるたびに私は注射をされたが、体調は日に日に悪くなる一方だった。医師が看守に、私に毎晩飲ませろという薬を処方した。看守はコップ1杯の水とともに、その薬を寄こすようになった。あるとき、尋問に向かう階段を下っている最中に倒れ、一番下の段まで背中で滑り落ちたことがあった。尋問官は規定どおり私の前にいたのだが、支えてはくれなかった。なんとか起き上がろうともがいた。体の下から足を引っぱり出そうとしたが、足から骨や神経がなくなってしまったようだった。おそろしい状況だった。自分がこんな風になってしまって、ひどく怖くなった。私は死ぬことや病気になることは怖くなかった。だがあの沈黙の、打ち捨てられた独房で、説明のできない事態が自分の体に起きていることが怖かった。また男が何人かやって来て、毛布を広げ、私を乗せると医務室に連れて行った。

医師が注射をしなければならないと言ったので、私は抵抗して拒んだ。起き上がりたかったができず、無理に動こうとしてベッドから落ちてしまった。ベッドの脚につかまって立ち上がろうとした。すると医師がいきなり私の手首を強くつかんで、タイルの床に仰向けに押さえつけた。手首が床に思い切り叩きつけられ、痛かった。私は叫びだした。「鎖を持ってこい」と医師が言った。「こいつの手と足をベッドの脚に縛りつけるんだ」。彼は女性看護師に注射をしろと命令した。力ではかなわず、私は床でピクリとも動けず、されるがままになっていた。廊下の反対側には男性房があったので、私が叫んでいる間、彼らは医務室のドアを閉めた。

ある日、私はトイレから出て自分の独房に戻るところで、突然倒れてしまった。あの暴力的な医師が注射器を看守に渡し、「やれ」と言った。しかし看守は責任を負えないと答え、「看護師にやるように頼めよ」と言った。看護師はすぐさまそうした。こんな医師や看護師を、そして薬を打たれ続ける状況を、ほんのわずかでも信用できるだろうか？　彼らが互いを全く信用していないのが明らかなのに、他に頼る者もない、病に苦しむ囚人は、まともな医療を期待できるのか？　男ふたりは看護師が私に注射をするのを見下ろしていた。医師は患者の命を救う誓いを立てているものだが、この男は大声で「ミズ・モハンマディ、死ね。だが刑務所の外で死ね」と言った。「あんたが死のうがどうでも良いが、ザハラ・カゼミ（イラン系カナダ人写真家。イランで逮捕され、苛烈な拷問の末に2003年に死亡）のときみたいに、大騒ぎを起こして体制を煩わせるな」

私は床に仰向けになったまま、言葉もなく医師を見つめていた。こんな人物が医師だとは何かの間違いだと思った。いまでも、独房と医務室で起きたすべてのことが間違っていたと思う。エヴィーン刑務所の医務室と尋問官は、私がドクター・ハッサン・ゴゴル――私の婦人科医――や他の外部の医師とやり取りした手紙を通じて、私の血液検査の結果を知っていたはずで、出産時に私が肺塞栓症を起こしたことも当然分かっていただろう。この症状のせいでアリとキアナは妊娠8ヵ月にも満たない未熟児で生まれ、私は奇跡的に生還した。産後のレントゲンで両方の肺がひどい損傷を受けていることが分かり、私はヘパリンとワーファリンを2年間処方されていた。主治医は、閉めきった、空気のよどんだ、換気の乏しい場所に私を拘禁するべきではないと手紙を書いていたが、少しも顧みられることはなかった。独房では普通に呼吸することも難しく、胸のあたりがいつも痛かった。

あまりに息が吸えないので、独房のドアの隙間に鼻と口を押し当て、酸素を取り込もうとした。独房のなかでは普通の呼吸ができない。ある日、床に横になって寝ている最中に、息が吸えなくなった。看守が入ってきて、私をトイレの後ろにある小さな中庭に連れて行った。そこはガラス張りの天井だった。私は繰り返し、主治医に問い合わせてくれるよう頼んだが、却下された。刑務所には刑務所の医師がいるから、というのが彼らの言い分だった。確かに医師はいたが、その振る舞いは暴力的な尋問官のそれと何ら変わらなかった。

解放されてからのあるとき、私はひどく体調を崩して入院した。最初の検査結果を受けて、ヘパリンを注射され、産後と同様にワーファリンを処方された。それ以降しばらくワーファリンを飲んでいた。解放されてずいぶん時間が経っても、私はうまくしゃべれなかった。意志とは関係なく声がいきなり出なくなって、しばらく休まないと続きを話せない。あるいは、話している最中に咳がひどく出て続けられなくなることもあった。家族は非常に心配した。

私が2A棟にいる間、長い間拘禁されているサラ・ショウルドと若いアメリカ人ふたりも同じ棟にいた。ときどき彼女の声が聞こえた（サラ・ショウルドとのちに結婚したパートナーであるシェイン・バウアー、そして彼らの友人ジョシュア・ファタルは、イラク・クルディスタンで休暇中にイラン国境警備隊によって拘禁された。ショウルドは独房で1年間を過ごした)。泣き声のときもあった。あるとき、ふたりの男性が外気に当たりに中庭に連れて行かれるとき、エントランスでサラに呼びかけていた。サラも答えた。サラの婚約者は扉近くに立っていたのか、看守に「進め、止まるな！　扉は開けておけ」と怒鳴られた。彼は大声でサラに愛していると呼びかけた。サラがそれに答えているのを聞いたとき、彼女が気の毒で涙が出た。

私は独房のなかを探し続けた。絨毯の下、上、壁、隅っこ。何をしていたのか？　壁を見ていたときに、書き込みを見つけたのだ。シバ・ナザール・アハリ（人権活動家で人権報告者委員会の創設メンバー）が自分の誕生日を祝っている文言だった。また、バドラルサダド・モフィディ（イラン・ジャーナリスト組合の委員長）の書いたものも見つけた。のちに本人に会ったとき聞いたのだが、彼女は自分の名前を爪切りで刻み込んだそうだ。

日々が過ぎ、アリやキアナがどうなっているのか全く分からず会えない、という状況が私を蝕み、ときには死を考えるようになった。息を吸い、健康的な環境に身を置くことがどれほど必要だったか。太陽を見ること、空を見上げること、野良猫を見ること、木から葉が落ちるのを見ること、自分が良い匂いでいること、うるさくて不快だとしても音を聞くこと、友人に話しかけること、何でも良いから生きている証を感じること、そのような当たり前のことが、なんとしても必要だった。

太陽を見ず、自分の肌の匂いも分からず、あたりは圧倒的な沈黙に支配されている状況が、人間の闘う気力や生きる勇気をいかに粉砕するのか、経験するまで想像すらできないと思う。理想主義に燃える闘士には思いもよらないだろうが、普段は当たり前だと思っていることを奪われると、情熱的で意志の強い人物でも、疑いと無関心に苛まれる瞬間があるのだ。

独房と尋問室は、囚人のアイデンティティに欠かせない基本的なものをすべて押しつぶすように、そして心理的な抑圧を長続きさせるような仕組みになっている。これは人間の心に深い傷を残す。2度目の収監で私はゼイナブ・ジャラリアン（クルド系イラン人。クルド武装勢力PJAKのメンバーであったことを理由に、2008年にイスラム革命裁判所で死刑判決を受けたが、彼女は容疑を否定。2011年に終身刑に減刑された）という少女と数日一緒になったことがあった。ある日、彼女の頭に傷跡があるのに気づき、何があったのか尋ねた。彼女はクルディスタンにいたとき、6ヵ月――私の記憶が誤っていなければ――収監されていたそうだ。その独房で、尋問官に鉄パイプで強く頭を殴られ、頭蓋骨がへこむほどの大けがを負った。病院に運ばれたが、再び独房に戻された。彼女のいた独房は完全な真っ暗闇で、窓も明かりもなかったらしい。一度など、寝る前に歯を磨いているときに看守に呼ばれ、中庭に連れて行かれた。ゼイナブはそのときになって、太陽が高く昇っているのに気づいた。夜ではなかったのだ。

2～3日を彼女と過ごせたのは神の恵みだった。彼女はクルディスタンから209棟に連れて来られた。尋問官たちに、武装作戦に加わったことを動画で自白するようにと、何度も言われたらしい。彼女は嘘の自白をすることを拒んだ。ゼイナブが209棟にいた間、ある囚人について元気の出る話をしてくれて、イランの刑務所に明るい光明を見たような気がした。ゼイナブが言うには、ある女性が、グリーン・ムーブメント（民主化運動）のリーダーのひとりを貶めるような内容の手紙を書けと言われ、ものすごいプレッシャーを受け、病気になりながらも、その手紙を書かなかったのだそうだ。

ゼイナブの抵抗する意志と心意気を見ていて、彼女の他の側面、ヒューマニストとしての断固たる、揺るぎない信念も分かってきた。私は独房に収監された3回の経験のなかで、固い意志と決意で立ち向かう素晴らしい男女の存在を知った。彼らは自分の体と心の健康を犠牲にしても、のしかかる重圧に耐え、自分の信念を曲げない。

私は保釈されるとすぐに入院して治療を受けた。ところが当局が病院の記録を取りあげた。のちに尋問されたときにこの理由を聞くと、答えは「諜報治安省の医師は、あんたの医師よりも経験がある」というものだった。

この発言にはずいぶん考えさせられた。私の主任尋問官は私の気質、つまり興味の対象や、私が嫌うものをよく知っている。私がいつも何か噛む癖があることや、彼の言葉によると、私が書く内容、あるいはイラン・エンジニアリング・インスペクション・カンパニーでの交友関係、私と夫とのことまで、彼は何でも知っていた。なぜ彼はこれほどまでに私の心の中に詳しかったのか？　私についての情報を徹底的に集めたのは何のためだったのか？　おそらく彼は私の持病や常備薬、治療、私の身体的、精神的弱みを把握して操ろうとしていたのだ。なぜなら、彼に言わせれば、私はまだ無罪放免ではなかったから。

●2012年5月 「白い拷問」と3度目の収監

タギがイランを去って2ヵ月が経った頃だった。諜報治安省からの脅しがひどくなり、私は5歳半になるアリとキアナを連れてテヘランを出て、両親のいるザンジャンの家で暮らしていた。ある朝、私服の男たちが両親の家に現れ、逮捕状もなく私を連行した。そのぴったり30分前に、テヘランの尋問官から電話があり、諜報治安省のザンジャン支部に出向くようにと住所を伝えられたが、私は行かないと言っていた。それで男たちが逮捕にやって来たのだ。

最初に連れて行かれた場所は何の表札もない建物だった。中に入り、私はそこで4時間ほど放置されてから、ふたりの男性とひとりの女性に車に乗せられ、テヘランに向かった。両親の家から連行されるとき、もし自分が逮捕されるのなら、はっきり言ってほしいと頼んだ。「いいえ、そういうことではないんです」と彼らと一緒にいた女性が言った。「誓って、いくつか質問されるだけですよ」

アリとキアナは緊迫した空気を察して、奇妙な行動をとった。アリは大急ぎで自分の黄色いおもちゃのライフルを取りに行き、私のコートをつかんだ。可愛いスカートをはいていたキアナは私にしがみついて、「ママ、私たちを置いて行かないで。一緒に連れて行って」と言った。子どもたちと離れるのは、前回よりもさらにつらかった。心臓が真っ二つに裂けるようだった。

車がエヴィーン刑務所のゲートをくぐり、いくつか質問をされるだけだと約束した女性の手によって、私は209棟に引き渡された。「あなたにもお子さんがいるのね」と私は話しかけた。テヘランに向かう車のなかで、彼女が携帯電話で子どもに夕方までに帰ると話しているのを聞いたからだ。「私の子どもたちを見たでしょう? なぜ私に嘘をついたの? もし本当のことを言ってくれたら、それについては何もできなかったけれど、少なくとも子どもたちを抱きしめてキスすることはできた。すぐに帰るという嘘をつかないで済んだのに」


3度目の収監は独房から始まった。ほとんど何の尋問も受けないまま、ただそこに入れられていた。翌日、女性房に連れて行かれ、一晩だけ過ごし、再び209棟に戻された。何ヵ月か前、私がテヘランにいて、タギもまだ亡命していなかったとき、シュラワルディ・ストリートにある諜報治安省から、非合法的にイランから出国するようにと言われたことがあった。私は拒否した。タギが出国したあと、私にイランを出ろという諜報治安省からのプレッシャーはますます強くなったが、私は出国したくなかった。小さなふたりの子どもがいると事情を説明した。クルディスタンの山岳地帯は子どもには危険すぎて歩けない。「そうだろうか?」と尋問官が言う。「車で行けば良いだろう、素晴らしい景色だぞ」。私は自分が何の罪で罰せられているのか分かっていた。

あるとき、中年の尋問官に当たったことがあった。彼の話によれば、彼は2009年の出来事［アフマディネジャド大統領再選］以前は外国で任務についていて、何らかの理由でその年イランに帰国したそうだ。彼は、私がエヴィーン刑務所の一般房に収監されることはない、と脅した。「安心しろ」と彼は言う。「お前は小さな町の普通の刑務所に送り込まれる。そこで人権と女性を守るとはどういうことなのか、身をもって知るだろう」。私は6年の禁固刑を下されていたが、他の都市に移送されるという話は聞いていなかったので、この男の言うことを真に受けなかった。私の独房はそれまでの2回のときとほぼ同じ機能を備えていた。鉄製のドアが背後で閉まると、世界が暗くなった。これが3度目の獄中生活で、２０９棟の環境は知っていたはずだが、それでも初めてのときと同じように恐怖に震えた。

アリとキアナのことは考えないようにした。ふたりの不在は耐えがたかった。心のなかに彼らの名前が浮かんでくると、立ち上がって、その場で走るように足を動かした。じっとしていたら悲しみに飲み込まれてしまいそうだった。子どもたちもきっとこのつらさを乗り越えられると信じていた。子どもたちが私を忘れてくれますように、と神に祈った。子どもたちの口に「ママ」という言葉がのぼりませんように、と祈った。アリとキアナと朝から晩まで一緒に過ごしてきた私は、ふたりのことを考えるだけで、ふたりの名前を思うだけで、逃げ出したくなるくらい怖くなった。

初めて自分を責めたのはイシュラタバードの独房にいるときだった。自分の信念や決意が足りないのだと思った。意志が強ければこんなことにはならなかったはずだと思った。自分がオープンで社交的で幸せな人間なのがいけない、とも思った。もう少し家にひとりでいるのが好きで、孤独に対する耐性があったのなら、もっと楽にこの独房をやり過ごせただろう、これほどつらくなかっただろう、と自分を責めた。運動好きで興味を深掘りし、にぎやかなことが好きという性格だから、独房の環境がいっそう耐えがたいのだとも思った。それでも自分の信念と希望、そして政治的、理想的信条に迷いはなく、行動を悔いてはいなかった。

私は2度目の釈放から間もない頃に、独房と白い拷問についての記事を「アファブ」という雑誌で発表した精神科医に会いに行った。彼の説明によれば、信念と主義は体の強さや健康状態とは分けて考えるべきだそうだ。白い拷問を受けた者たちは、それぞれ全く異なる反応を見せるらしい。おそらくこの説明のおかげで、私は自分を責めるのをやめられた。しかし実際に私の身に起きた拒否反応は性格によるところもあり、科学の力だけでは解明できないと思う。

体が音を上げた。日中の数時間、心臓がぎゅっと締めつけられて、重くて黒い何かに押しつぶされるような感じになった。ひどい震えが来ると、動くことも、座ることも、じっと立っていることもできない。息が吸えない症状は悪化し、吸入器を1日に何度か使ったが、楽にはならなかった。気温が高くなり始めたが、冷房は設置されていない。ある夜、私は薬を渡される前にベッドに行こうとしていた。そのとき、全身の感覚がなくなり、立っていられなくなった。痛みはなく、ただ恐ろしく、その恐怖は痛みに耐えるよりずっと苦痛だった。女性の看守が薬を持って独房に来たが、私の状態を見ると人を呼び、3人の男が毛布を持って来て、私を医務室に運んだ。

医師が診察した。何本注射を打たれたのか覚えていない。男性の看護師が、私に起き上がって歩いてみろと命令する。その言葉に神経を逆なでされた。彼は患者が受けるべき医療に全く無知だった。しつこく言い続けるので、私はイライラしてきた。ベッドの端に腰掛けて立ち上がろうとしたが、うまくいかない。看護師はできるはずだと譲らないが、どうやっても足に力が入らないのだ。この看護師と名乗る男の行いは非人間的だった。彼は患者が安心と、おそらくは鎮静剤を必要としているときに、わざと挑発しているのだ。刑務所の医師や看護師の話し方は、サディスティックな場合は特に、普通の病院で働いている人々のそれとは違う。彼らの振る舞いもまた独房の大事な機能であり、破壊的な影響力がある。

●ザンジャン刑務所の苦しみと痛み

ある日、女性看守の態度に考えさせられた。尋問の間、私はアリとキアナについてたくさん聞かれ、ふたりのことを思って胸が一杯だった。尋問室を出るときになって、女性看守に「こっちへ」と呼ばれた。私はそちらを向き、知り合いに会ったような雰囲気で、彼女に子どもがいるかどうか尋ねた。彼女の答えは冷淡で、「いようがいまいが、あんたには関係ない」という、いまでも信じられないものだった。

私は悟った。独房や重警備刑務所は単なる箱ではなく、明らかに、肉体的、心理的、つまり生き物のような特徴を備えている。それこそが独房の存在意義であり、本質なのだ。看守の機械的でぶっきらぼうな声、ホコリだらけの床に転がるゴキブリの死骸、くすんだ色の汚らしいカーテン、囚人に巻かれる目隠し、裸足に履かされる大きすぎるスリッパ、サイズの合わないひどい服、窓とは名ばかりの鉄格子、尋問室で壁に向かって長時間座らされること、人との争い、悲鳴や怒号、患者の状態に無関心な医師、独房のドアが閉まるときの固く重苦しい音、トイレに行くときに棟の通路でさえ目隠しをされること、これらはすべて独房の効果を増幅させる装置である。

別のある日、私は朝目を覚まして、朝食にお茶と小さなパンひと切れを食べて、独房のなかを少し歩こうと何歩か踏み出した。2～3周すると、いきなり目の前が暗くなった。次に目を開けたとき、私をのぞき込んでいる男女の姿があった。女性看守、房の安全責任者、看護師や医師。その瞬間、私はたくさんの人に囲まれていたが、不思議なことに、それに全く驚かなかった。彼らが何をしているのか、自分がどうして床に倒れているのか、何ひとつ質問しなかった。無反応だった。自分が失神し、意識が戻ったということをまるで考えなかった。私はただ起き上がり、息を整え、座った。医師が私の脈を取り、血圧を測った。彼らは何事か話し合い、独房を出た。この出来事の前日、女性看守に薬を渡されたとき、新しい錠剤があるのに気づいて、何なのか尋ねた。彼女が言うには、刑務所の医師が処方したこの薬を飲めば、体の感覚を失って立ち上がれない症状が改善するとのことだった。だから私はその錠剤を飲んだ。しかしその後も血液検査を受けられず、精密検査のために２０９棟を出ることも禁じられていたので、失神の原因は、はっきりとは分からなかった。

209棟では、1日おきに15～20分ほど、外の新鮮な空気に触れることが許されていた。シャワーも1日おきで、食事は1日3回以外には何も与えられなかった。私がアリとキアナから離れて1ヵ月が経とうとしていた。棟では面会や電話といった毎日の取り決めはない。尋問官の作戦だった。自分は6年の禁固刑を下されたのに、なぜ独房に閉じ込められているのかという苦情を何度も書いた。私は一般房に移されるべきで、独房に拘禁し続けるのは、諜報治安省の違法行為だと訴えた。

ある日の夕方、アザーンの声がしているときに、エヴィーン安全保障裁判所に連れて行かれた。レシュテ・アフマディ氏（セイード・バフラム・レシュテ・アフマディは安全保障省の検事補佐とエヴィーン安全保障裁判所長を兼任）の部下と秘書は部屋に入らなかった。アフマディ氏が机の後ろに座っていた。部屋には他に誰もいなくて、がらんとしていた。裁判所長は私の苦情を聞き、同意した。私を一般房に移すように命令書を出すと言って、手紙を書き始めた。そのとき電話が鳴り、彼は受話器を取った。「彼女はいま、ここにいる」と彼は答えた。「あなたのせいで、我々は大迷惑です」そう言うと彼は電話を切った。それから私に手紙を渡し、署名するよう言った。検事局のトップではなく、被告人である私が命令書に署名をするのは妙だと思ったが、彼はこの手紙は私の要求によって書かれたものだから、と言った。私はアフマディ氏が司法の責任者だと思っていた。いま自分は法の支配する裁判所にいる、そして彼は無名の警察官ではない、私は尋問室で尋問されているのでも、刑務所の懲罰房にいるのでもない、だから私は彼を信じて手紙に署名をした。手紙の内容は私の6年の禁固刑についてで、私を209棟から一般女性刑務所に移送するというものだった。「どの女性刑務所ですか?」と私は尋ねた。「女のいる刑務所だ」と彼は答えて部屋の外を適当に指さした。

私は独房に戻り、その2日後、朝の6時にふたりの男に起こされて車に乗せられた。車の後部座席で頭を押さえつけられ、刑務所から出た。高速道路を何時間も走った末に、ザンジャンの市立裁判所に到着し、そこで女性刑務所の所長に引き渡された。そのような扱いを受けた理由が分からず、ショックを受けた。まるで人質のようだと思った。身の危険を感じ、先が全く見通せなかった。緊張と不安で目眩がした。

私はザンジャン刑務所の隔離房に入れられた。暗く、汚く、悪臭のする部屋だった。手を洗いに行ったが、トイレには石けんもタオルもなく、シャワー室にも石けん、シャンプー、下着、タオルはなかった。とにかく何もない。3枚の臭い毛布だけが房にあり、その毛布には吐瀉物のあとがついていた。

昼食に味のない米と野菜を与えられたが、私は食べることを拒否した。水道水を直接飲んだが、食べるものは何もなかった。

私の部屋の隣には、麻薬取引で5年の刑を下された女性がいた。一時出所から戻ってきたところで、隔離房に数日間いる必要があるとのことだった。少女の声が聞こえたので、何歳なのか尋ねた。「12歳」とその子は言った。「なぜこんなところにいるの?」と私は尋ねた。彼女が言うには、近所の男の子と関係を持ったということで、父親が警察に通報し、彼女は警察によってここに連れて来られたそうだ。この美しい少女はその日から私をナルゲスおばさんと呼ぶようになり、私は彼女を抱きしめるたびに胸がつぶれた。

一般房に入れられてから、最初のうちはスペースがなく、私は礼拝室の床で寝ていた。その少女は私と一緒にいて、夜になると怖がって私の手を強く握った。私はその子の頭や頬にキスをして、ずっと話しかけ続けた。

ザンジャンに来て分かった。ザンジャン刑務所の一般房に移送されたのは、レシュテ・アフマディ氏の裁判所で私が署名した手紙のせいだった。私はその手紙の内容にちゃんと目を通していたが、実はアフマディ氏は私が署名をして部屋を出たあとで、文章を捏造《ねつぞう》して付け加えたのだ。「アリとキアナがザンジャンにいるから」という一文で、彼は諜報治安省と共謀して、移送は私の要求だったと見せかけた。

ザンジャン刑務所で私の身に起きたことは、限りない、表現することもできない、苦しみと痛みに満ちている。後遺症として、痙攣が常に起こるようになった。諜報治安省はのちに、私がヴァリアース病院に入院していた間の医療記録のなかから、この情報を機密扱いにした。

いまでも、独房にいたときの水ぶくれが破れたり、ただれたり、ときには焼けるように痛む。恐怖が血液に染み出てくるように感じる。目に見えない、そして癒えない傷に、終わりはない。

12のインタビューと13人の証言

ニガラ・アフシャルザデ

ニガラ・アフシャルザデ（1978年生まれ）はトルクメニスタン市民である。2014年にマシュハドにてスパイ容疑で逮捕され、5年の禁固刑に処された。ニガラはエヴィーン刑務所の209棟の独房で1年半を過ごし、その後、女性刑務所に移送された。

――いつ、どのように逮捕されましたか？

私は2014年1月6日、マシュハド［イラン第二の都市］でふたりの男とふたりの女に逮捕されました。私は6歳と8歳の子どもと一緒に道を歩いているところでした。イランへは娘に会いに来ていました。娘の父親とは別れていたのですが、彼から電話があり、娘を引き取ってトルクメニスタンに連れて帰ってほしいと言われたのです。イランに着いたとき、それが罠だったと分かりました。私は幼い子どもふたりと町なかで逮捕されました。引き離されたとき、子どもたちがどうなるのか分かりませんでした。尋問官には子どもたちを孤児院に入れたと聞かされました。

——逮捕されてどこに連れて行かれましたか？

独房に入れられました。独房は暗く、毛布は1枚しかありませんでした。その独房に一昼夜いました。翌日、彼らがやって来ました。頭に袋を被せられそうになり、私は抵抗しました。そんなことはさせませんでした。車に乗せられると、頭を膝の上に押さえつけられ、外が見えないようにされました。独房にいる間、食べ物は与えられず、飛行機に乗せられて初めて食事が出ましたが、何も喉を通りませんでした。

——テヘランに着いてから、どこに連れて行かれましたか？

目隠しをされていたので、途中は分かりません。目を開けると独房でした。頭の上にはふたつの電球がついていました。部屋の横幅いっぱいに薄い絨毯が敷かれ、毛布が3枚ありました。そこは諜報治安省の管轄であるエヴィーン刑務所の209棟、3番通路の独房でした。独房に入れられている間、廊下に人の気配はなく、声もしない、房のドアの開け閉めの音もしませんでした。廊下にいる唯一の生き物といえば、気味悪い大きなゴキブリが何匹かでした。

――独房で何をしていましたか？

独房では時間が止まっているんです。私はひとりぼっちでした。ドアには細いのぞき窓があって、女性看守がときどきその窓を開けてこちらの様子をうかがっていました。私はのぞき窓に顔をくっつけるようにして、その窓が開くのを何時間も待ちました。廊下がどうなっているのか見たかったのです。独房は静かで音というものが全くありません。蟻などの生き物がいないか、独房の中をくまなく探しました。見つけるとあとを追いかけました。そして何時間も蟻に話しかけました。泣いて、悲しんで、祈る、そういうことが何時間も続きました。夢のなかに預言者が何人か出てきたような覚えがあります。眠るとおかしな夢を見るんです。目が覚めるとやはり夢だったのか、と思うのですけれど。

私は毎日、ずっと歩いていました。足の感覚がなくなるくらい、歩き続けました。昼食が出ると、パンをひとつまみ床にまいて、蟻やなんかを呼び寄せようとしました。退屈しのぎです。独房のなかに自分以外の生き物が来てくれたら良いと思っていたので、ハエが来たときは大喜びしました。ドアが開くときに逃げられないよう気をつけました。独房のなかでハエのあとをつけて、何時間も話しかけました。

――房の外で外気に当たる頻度はどれくらいでしたか？　トイレとシャワーはどうでしたか？

独房を出るときは、どんな用事であれ必ず目隠しをしなくてはいけませんでした。目隠しをしていれば、1日何回か、昼間にトイレに行くことは許されていました。私が目隠しの隙間から何か見ようとすると、壁しか見えないとしても怒鳴られました。シャワーは週に1回でした。女性看守が後ろに立っているのですけれど、怒りっぽくて、まだ途中なのに出ろと怒鳴ります。体が臭いんです、と訴えても「臭いままでいろ」と。またこうも言われました。「尋問官に協力すればマシな待遇になるよ」

週に2回、刑務所の中庭で20分過ごすことが許されていました。周囲の壁が高すぎて外は見えず、中庭に花や木はありませんでした。

――健康状態はどうでしたか？　何らかの医療を受けることはできましたか？

私はほとんど何も食べられませんでした。看守には長いこと出られないと言われていましたが、食欲が全くなかったのです。あっという間に体重が減りました。逮捕時は70キロでしたが、数ヵ月後には53キロになっていました。

その後、乳首から黒い液体が染み出てくるようになって、いまでもそうです。収監された初日から、私は不眠と不安に苛まれました。気分は最悪です。どこかの部屋に連れて行かれ、そこが209棟の病院だと言われました。診察され、薬を処方されました。その日から、8錠の錠剤を渡され回復のために飲めと言われましたが、それでも夜は全く眠れませんでした。何時間も目を開けたまま横になっていると、朝のアザーンが聞こえてきます。とにかく眠れませんでした。

たったひとりでやることもなかったので、私はいつも眠らずイライラしていました。時間の感覚もなくなりました。独房にはトイレに行きたいときに押すボタンがありました。私が何度もボタンを押すと、看守がドアを開けるのですが、眠そうな顔をしています。そこで私は、家庭料理のスープやおかずの作り方を聞いてみました。看守がどれほど怒ったか、ちょっと想像できないと思います。看守は私を怒鳴りつけてドアを思い切り閉め、「朝の3時か4時だぞ」と言います。「お前はなんで寝ないんだ？　俺たちも眠れないじゃないか」。しかし私には彼らがぐっすり眠れることのほうが不思議です。いつが寝るべき時間なのかも分かりません。

よくボタンを理由もなく押しました。廊下で何か生き物を見たいというときもボタンを押しました。私はその独房に1年半いました。ゴワゴワの軍用毛布を下に敷いて横になっていました。枕はないので、頭の下に毛布を敷き、もう1枚を体にかけました。そうする間に、脇腹も背中も化膿してしまいましたが、苦情を言えば言うほど、看守はますます無視するのです。看守にはブラウスとズボンを与えられ、シャワーに行くたびに、同じセットの着替えを渡されました。毛布があまりに固いので、横向きに寝ると骨まで痛みましたが、どうしようもありませんでした。

――尋問はどうでしたか？

テヘランで尋問室に連れて行かれた初日、ふたりの尋問官がいました。ひとりは若い男で、もうひとりは中年くらいでしょうか。お前は終わりだというのです。「ここが墓場だと思え」と彼らは言います。「お前は死んでいて、私たちはムンカーとナキール（イスラム教の天使。死後の人間に、生前の行いを問いただす）だ」。私は言われている意味がまるで分かりませんでした。心の中で「あらそう、どっちがムンカーでどっちがナキールなのかしら」とつぶやきました。ふたりは私が答えられない質問をしてきます。それから、もう行って良いが、何をしたか思い出したらいつでも呼べ、と言いました。私は子どもたちのことが心配で、ひどい精神状態でした。ふたりが道端で置き去りにされ、孤児院に連れて行かれたと聞かされていました。苦しくてどうして良いのか分かりません。食べ物に手をつけられませんでした。すると彼らは怒り出し、「ストライキをしてるのか？」と言います。「ストライキって何ですか？」と私は聞きました。

体の具合だけでなく心もおかしくなり、症状が重かったので、向精神薬を渡されました。ある日、尋問官が入ってきて、「お前にはスパイ容疑がかかっている。イランで何をしたのか話せ」と言いました。

尋問の間、私は目隠しされていたので、声しか分かりませんでした。尋問官は怒っていると分からせようとするときには、お茶の箱やら何やら、物を投げつけてきます。あるときは、尋問官のひとりが後ろから私の座っていた椅子を思い切り蹴飛ばし、「お前は嘘つきだ」と言いました。

たいがい、尋問官は例のふたりだけでしたが、時々もっといることもありました。声から察するに、自分の背後に少なくとも5人はいるだろうと思ったこともあります。ある日、コップに入った水を渡されました。「それを床にこぼせ」と言われたので、私はそうしました。「さあ、その水を手で集めろ」と言われ、水を手で集めようとしました。「覆水盆に返らずだ」と男は言いました。尋問官がどういうつもりなのか意味不明でした。

またあるときは、尋問官がティッシュで鼻をかんで、それを床に捨てました。彼が言うには、女性はみんな、利用され、捨てられるだけの存在、まるでそのティッシュと同じだそうです。

尋問が朝から夜までずっと続くこともありました。尋問官は、私の前で昼食と夕食を食べるのです。同じ物が私にも与えられましたが、何も食べられませんでした。尋問官は常に私を脅します。「お前は自分の歯ほども髪が白くなるまで独房暮らしだ」と言います。「お前の皮を剝いでやる。お前は絞首刑だ。お前の足の下の椅子を蹴っ飛ばすのはこの私だ」。あるときなどこう言いました。「お前の祖母がお前の面倒をみにイランに来た。そいつもスパイだからもちろん逮捕したぞ」。または、「お前の祖母は死んだ」と言います。

私は祖母を言葉で言い表せないほど深く愛しています。祖母が死んだと聞かされた日、独房に戻って泣きどおしでした。祖母のために3、7、40日後の祈り（死者を弔うイスラム教の法要。

死後3日、7日、40日におこなう）を唱えました。またある日には、尋問官は「エルダー――私の6歳の息子――が重病で病院に運ばれた。腎臓移植が必要だ。できなければ死ぬぞ」と言うのです。

これには打ちのめされました。とても耐えられません。尋問官が取り上げた私の携帯電話には子どもたちの写真が保存してあります。尋問官はエルダーの写真をプリントアウトし、落書きをしました。胸から白いプラカードのようなものが、首にはロープのようなものがぶら下がっているのです。その写真を手渡されて見たとき、吐き気がしました。私はその白い部分に文字を書くよう命令され、「恥知らず」という言葉を息子の胸に書かされました。その日以来、尋問のときには私の目に入るよう、ふたりの子どもの写真が必ず私の前に並べられるようになりました。ある日、尋問官はこれからマシュハドに行くと言いました。私が理由を尋ねると、「お前の母親がお前の子どもを引き取りに来たので、捕まえてここに連れて来る」と答えました。信じてください、私は本当に母が独房に連れて来られると思ったのです。母の声が確かに聞こえたほどです。

尋問の内容は、私には一体何のことか分からないことばかりでした。分からないので何も書けません。尋問官は私の前に紙を置いて、私が子どものときから言葉を交わした男の子の名前を全部書けと言いました。一度など、尋問官のひとりが怒って銃を引き抜き、私を脅したこともありました。尋問の間、罵られ、侮辱され続けました。

私はカー氏との性関係について話すよう強要されました。一度や二度ではなく、何度も繰り返し、私たちの性行為の詳細を説明させられました。尋問はこの過程が特に厳しかったです。何度か私は尋問官にホテルへ連れて行かれ、そこで撮影されました。彼らは私に着させるためのヒジャブとコートを持参していました。私は、どこの国の出身か明かさず、「別の国の女性」と名乗ったうえで、イラン・イスラム共和国の役人を誘惑して性交しようとした、と言わされました。もしもイランの役人が私のような女に誘惑され、引っかかろうものなら、その瞬間から彼らは監視される、という警告を私の口から言わせたのです。私はこの自白を数回させられました。

携帯電話は逮捕時に取り上げられてしまいました。彼らはプライベートな写真を見て、そのことについて質問してきました。裁判官まで写真を見ていたので抗議しました。夫や子ども、私の写真など、全く個人的なものです。彼らがなぜそのような写真を見て良いのか訳を尋ねました。

――家族には連絡できていましたか?

最初の6ヵ月間、誰とも連絡を取れませんでした。母とも、下のふたりの小さい子どもとも。頭がどうにかなりそうでした。尋問官はここが私の墓場だと言います。そのうち私もそう信じるようになりました。ところが6ヵ月が過ぎると、電話を渡されたので、私はイランにいる長女に電話をかけました。長女なら面会に来ても良いと言われ、娘は来てくれました。私は小さい弟妹がどうしているのか聞きました。母がトルクメニスタンから来て、連れて帰ったそうです。8ヵ月が過ぎると、今度は母に電話をかけることを許されました。私はまだ祖母が亡くなったと信じていました。子どもたちが孤児院に入れられ、夫は私を捨てたと。母と話して、それらは全部嘘だったと分かりました。

――尋問の頻度と長さはどれくらいでしたか？

最初の頃は、1週間に2〜3回でした。しばらくすると、1週間に1回になりました。さらに時間が経つと、もっと間遠になりました。ただ独房に放置されました。私はスパイではありません。尋問官も私がスパイではないと知っている、と言いましたが、それでも彼らに協力し、尋問では指示どおりのことを言わなければならない、と命令します。私が言われたとおりにすれば、お金をくれて、下の子どもたちがイランに来て一緒に暮らせるようにする、と。故国に帰れば嫌がらせをするとも言いました。「ここにいなさい」と言うのです。私はスパイ容疑で逮捕されて拘禁されているのに、それまでなぜ罰を受けていないのか、訳が分かりませんでした。なぜお金や家や居住許可までくれると言うのでしょう？

――1年半の間、あなたの身体的、心理的状態はどのように変化しましたか？

とにかく何も食べられませんでした。時が経つにつれ、痩せ衰えていきました。床に寝ているので背中はひどく痛み、狭い独房に閉じ込められ、動けないせいで消化器官がほとんど働かなくなり、痛みを伴う便秘になりました。1週間にひと切れ、ふた切れほどしか果物はもらえません。

冬の間をずっと独房で過ごしました。床には薄い絨毯が敷かれていて、私は軍用毛布を重ねて、その上に寝ていましたが、凍えるような寒さです。体が芯から冷え切って、何をしても温まりません。私は水道水を飲んでいました。のちに、エヴィーン刑務所の水は飲用には適していないと知りました。体はすっかり弱り、心もひどい状態でした。泣き続けたので目に激痛が走るようになりました。深刻な歯痛にも苦しみましたが、治療という点では何もしてもらえませんでした。およそ8ヵ月後、病院に運ばれたとき、エレベーターの中に鏡があって、自分の顔が映っていました。その顔に衝撃を受け、心から悲しくなりました。

――独房ではどのように時間をやり過ごしていましたか？

1年半も独房にいるというのは凄まじい経験です。廊下でベルが鳴ると目眩がしました。自分だけずっと出られないまま、他の囚人が出所していく音を聞くことに、くたびれ果て、うんざりしました。廊下で男性や女性が叫び声を上げているのを聞くと、さらに落ち込みました。一度など、まだ少年のような若い男の子が殴られている音がしました。その子はやめてくれと頼んでいました、具合が悪いと。その日、私は頭が痛くなるまで泣きました。

孤独に押しつぶされ、奇妙なことをするようになりました。例えば、食事用にもらったパンを口のなかで柔らかくしてから、小さなお人形やブロックを息子のために作るのです。トイレに行っている間に看守がすぐに壊してしまいましたが。

——一番つらかったことは何ですか?

子どもたちが孤児院にいると想像することです。正気を失いそうでした。あんなに小さいのに、私は道に置き去りにするしかなかったのです。娘は泣いて、私に行かないでと叫んでいました。あれ以来、子どもたちに会えていません。尋問では、侮辱的な、私を貶めるような発言に非常に腹が立ちました。尋問内容のなかには、私の性生活に関するものがありました。女性にそんな質問をするなんて信じられません。また、私が一時的に結婚(*)していた男性についても話すよう求められました。「どんなセックスをしていたのか」と男は聞きます。私がどう答えようとも、同じ質問を繰り返すのです。私はそいつに、妻とどんなセックスをしているのか聞きました。「私たちがしているのも同じことです」と言ってやりました。「いいや、ダメだ」と彼は食い下がります。「ちゃんと分かるように、具体的に説明しなさい」と。だから私はそうしました。すると彼は私たちが蜂蜜を使ったのかと聞きます。おそらく、彼らは私たちの通話を盗聴していたのではないかと思います。というのも、一時結婚していた男性はイラン人で、私たちはときどき電話でやり取りをしていたからです。私たちの話の内容を尋問官は知っていたに違いありません。彼は蜂蜜についてしつこく質問し続け、私が「はい、私たちは蜂蜜を使っていました」と言うまでやめませんでした。すると尋問官は同僚に、ある男と女を独房に送り、彼らに蜂蜜を渡せと指示しました。

こんな事態にどう対処したら良いのか分からず、私は独房に戻ってただ祈りました。一度など、ラカート〔イスラム教の祈りの動作。通常の礼拝では4~5回程度で、1ラカートに数分かかる〕を80回連続でやろうとして数時間後に失神しました。すべての預言者を呼び出し、助けてくれるようお願いしました。最悪なのは、静寂と孤独、このせいで私は頭がおかしくなるかと思いました。おぞましい時間でした。

＊ニガラは「シーゲ」という言葉を使っていた［ムトアとも呼ばれる］。シーア派に認められた一時的な結婚のことで、結婚期限も持参金も事前に決まっている。

アテナ・ダエミ

市民活動家のアテナ・ダエミは2014年10月30日にIRGCのサローラ・キャンプの諜報部によって逮捕された。それからエヴィーン刑務所内のIRGCの管轄下である2A棟に連行された。
子どもの権利のための活動家の罪状は「最高指導者を侮辱した」「神聖なるものを汚した」「国家の安全を脅かす陰謀を掲げた」「犯罪の証拠を隠滅した」というものだった。彼女は2A棟に86日間拘禁され、その後、一般女性房に移された。アテナは陰謀罪で5年間、指導者を侮辱した罪で2年間の禁固刑を言い渡された。

——独房の様子はどうでしたか？

私は逮捕されてすぐに6時間も取り調べを受けてから、エヴィーン刑務所に入りました。それまで想像したこともない場所でした。いくつかドアの前を通り過ぎて、独房に入れられました。縦横が3メートル×2メートルほどの大きさでした。ずっと高い場所に窓がありましたが、網が幾重にもかかっていて、外の光は全く入ってきません。それでも網目から空の青い色がのぞいていました。独房の天井には、黄色い電球と白い電球がありました。寝るときになると白い電球は消えます。壁は、人の背の高さのあたりまでは大理石で、その上はクリーム色の漆喰でできていました。鉄製のドアは緑色で、下のほうには開口ハッチがありました。トイレに行きたいときは紙切れをドアの下から出しました。独房の床には機械織りの薄い絨毯が敷いてありました。毛布2枚が横になったとき用に、1枚が枕用に与えられました。私はその独房に30日間ほどいました。

――その独房と、後に入ることになる独房は何が違っていましたか？

30日後、私はそれまでの2倍ほどの大きさの独房に入れられました。壁の跡を見ると、ふたつの部屋がつなげられてひとつの部屋になったことが分かります。以前の独房にトイレはありませんでしたが、こちらの独房にはドアで仕切られたトイレがありました。砂糖と塩も少しずつあり、電球は3つでした。窓は天井のすぐ下にあったのですが、外に面しているのではなく、刑務所内の壁に面していました。廊下は光も音もない世界で、真っ暗闇でした。そんな状況で、私は2A棟や尋問室を出入りしていたのです。

――精神的、肉体的な状態はどうでしたか？

私は道端で逮捕されました。彼らは私の父の家を捜索し、それから姉の家でも同じことをしました。私は自宅の仕事部屋の手入れに立ち会い、独房に連行されました。ドアが背後でバタンと閉まる音に絶望しました。自由に生きる光も一緒に閉ざされたのです。

この世の終わりのようでした。完全なる沈黙。私は閉まったドアのほうを振り返りました。マッチ箱に閉じ込められたような感じです。このドアは尋問官の指示でしか開かないのだ、と思いました。尋問が終わるたびに私は自問し、「明日も尋問があるかもしれない、ないかもしれない」と葛藤がありました。どちらが良いのか、自分でも分からなかったのです。ドアが開いて尋問されるか、ドアが開かず尋問もされず、永遠に閉じ込められているのか。最初の夜、電球のひとつが消えたとき、私は思わず飛び上がり、何をしたのかと叫びました。

「うるさい」と看守は言いました。「もう寝ろ！」

夜明けのアザーンが聞こえました。一睡もしていなかったのです。全く眠れませんでした。独房は私にとって見知らぬ、忌まわしい場所でした。それまで実家の両親と離れた場所で外泊したことはありませんでした。両親がどんな目に遭っているのか、どうしているのか分かりませんでした。明日は何が起きるのかも分かりません。タバコを吸いたかったのですが、もらえませんでした。自分をたったの一瞬でも楽しませるものは何もありません。常に何かが起きるのを待っていました。まわりの物事や人間に対して、鈍くなっていました。すべてがぼんやりとして、確かなものは何もありません。ただ待っているということは、心底恐ろしいものです。独房で機能しているものは自分の頭だけです。あるときは、尋問で聞かれた内容を考えました。またあるときは、尋問官の振る舞いに自分がどう反応したのか思い出し、次はどのようにしよう、などと考えましたが、やがてそんな考え事に疲れ切ってしまうのです。何をすべきか分かりませんでした。

現実があまりにつらいので、眠って何も考えないで済むようになりたいと願いました。考え事をしていると、それも堂々巡りになり、よりいっそうつらくなるのです。眠りたいのか、起きていたいのか、煩悶しました。何も信用できません、何が起きるか分からないのですから。

——たとえ一時でも、気分を変えるものはありましたか?

よく、逮捕される前は当たり前に享受していた物事を思い出しました。そのすべてが恋しいということが、気になったのです。過去を分析してみようと思いました。いままで読んだ本や、好きだった歌を思い出しました。最初のうちの数日は誰にも私の声は届いていないと思っていましたが、ある日、壁を叩く音に気づきました。不気味でしたが、少なくとも沈黙を破る音でした。そして反対側にいる誰かが壁を叩いているのだと分かりました。私は飛び上がり、他の独房にいる人とコミュニケーションをとろうとしました。自分が外気に当たる日課で独房の外に出されたときは、同じことをしました。何らかの方法で、自分の存在を知らせたかったのです。勇気づけられた他の囚人たちも同じことをし始めました。こういうことは楽しくて気が紛れたのですが、数分しか続きません。独房には気分を変えるものは何もありませんでした。全てが一定で変化がないのです。

独房にいると、特に夜になると、大きな声が聞こえてきます。どうして男の人たちが叫んでいるのか分かりませんでした。誰かを拷問しているのだろうかと思いました。怖かったです。恐れ、不安、悲しみに身も心も打ちのめされ、独房がさらに不気味な、理解不能な場所になっていくのを感じました。あとで分かったのですが、あの声はエヴィーン刑務所の兵士たちが、監視塔から互いを呼んでいるときのものだったそうです。床に頭をつけて横になっていると、下の階の男性が泣いているのが聞こえました。気が滅入ってきます。私は壁を叩いて、彼がひとりではないと伝えようとしました。彼は気づいたようで、泣き声がやんだばかりか、返事のノックをしてきました。

所内に響くアザーンは、私がそれまで聞いたどれとも違っていました。このアザーンは、意図的だと思うのですが、死を告げるトランペットのような響きでした。暗い気持ちになります。私が独房にいる間に、ムハッラム［イスラム暦の新年］が来ました。毎日刑務所内で流されるノヘ（シーア派の伝統で、フセイン・イブン・アリの殉教を悼《いた》む祈り）の悲しい叫びと嘆きに、なぜか心を乱されました。

――食事はどうでしたか？

朝食はパンとチーズとお茶でした。ときどき、11時にミルクと果物が数かけら、もらえることがありました。昼食は正午です。２Ａ棟の囚人には朝に１回、夕方に１回、外気に触れる時間があります。そのあとでお茶をもらい、だいたい６時頃が夕食の時間で、いつもパンと何かしらのおかずが出ました。就寝は夜11時です。食欲はありませんでしたが、とにかく食べるしかありませんでした。

――逮捕のあと、罪状はすぐに告げられましたか？

逮捕された日に刑務所に連行されたのですが、着替えさせられて自分の服を看守に渡すと、その足で尋問に連れて行かれました。２階下にあった自分の独房には入りさえしませんでした。私は椅子が１脚しかないとても小さな部屋に入れられました。椅子の前にはミラーガラスがありました。

ドアが閉まると、外の音は全く聞こえず、こちらの声も外には漏れないようになっていました。そして尋問が始まりました。尋問官は私の友人「Ｓ」を呼んで隣に座らせていると言いました。私は彼女の声を聞いて誰だか分かりました。彼らは、私の友人もまた捕まっているということを示したかったのでしょう。翌朝早く、私は裁判所に連れて行かれ、礼拝室で待たされました。昼食もそこで食べました。夕方になってもまだいました。裁判所は閉まり、私は廊下に出されました。そのまま夜10時まで待たされて、コールシディという名の尋問官のオフィスに通されました。私の件を担当する尋問官と、強いギラキ訛りの男がそこにいました。私の尋問官は、罪状を読み上げ、私に書類を渡しました。そこには18～20件ほどの罪状が書かれていたように覚えています。国家安全を脅かす行為、結社と共謀、不敬罪などでした。その書類を読んでいる間ずっと、彼らに死刑だと脅されていました。

私はこれらの罪状を何ひとつ認めないとサインしました。体と声と両手が震えていて、憎しみのあまり自制心を失わないよう必死でした。彼らは牙をむいて私を粉々に嚙み砕こうとしているかのようでした。

自分が孤立無援だと分かっていました。彼らは嘘をつき、脅しますが、私の味方は誰もいないのです。私の姉妹たちも逮捕されました。家族や友人がどうなったのか分からないことも、不安をいっそう煽りました。

「何も否定するな」と尋問官は言います。「すべてお見通しだ。お前が協力するなら、死刑は免れるぞ」

そんな調子でずっと脅され続けました。そのうち、やり過ぎたと思ったのか、彼らのひとりが水を1杯持ってきました。12時になって、私は車に乗せられました。ギラキ訛りの男は私の親類を全員知っているような口ぶりでした。私にギラキ語で話しかけてきます（イランのギラン地方で話されている言葉。アテナはこの地方出身）。私は答えませんでした。あとになって、彼がギラン出身だと知りました。

——独房ではどのように過ごしていましたか？

朝起きると、ゆっくり時間をかけてお茶を飲みました。早く時間が過ぎてほしかったのです。パンくずを拾って、お茶に入れました。床に落ちている自分のくせ毛を拾いました。与えられた櫛は使い物にならず、私のくせ毛はからまってしまい、それをほぐすのに随分時間がかかりました。それが時間のつぶし方のひとつでした。毛布を丸めてそこに寄りかかり、壁の石を眺めました。大理石の模様が何かに見えないか、考えていました。退屈でした。

パサパサになったパンを蟻にあげました。昼食後は少し眠り、皿にスプーンで何事か彫りつけました。寒くて、脚が痛くなったり感覚がなくなったりしました。目眩がひどく、部屋を歩き回るとさらにひどくなりました。周囲の壁が襲いかかってくるように感じました。

前にその房にいた囚人が切り取った新聞記事が歯磨き粉で壁に貼り付けられていて、私はそれを何百回となく読みました。他の囚人が壁に書いた内容、名前、詩、すべて覚えてしまいました。50日経ってペンがもらえたので、私も壁じゅうに好きな詩を書きました。

——健康状態はどうでしたか？

2日に1回、シャワーを浴びることができました。天井にカメラのついた部屋があって、4つのシャワールームに仕切られていて、そのうちのふたつだけが囚人用のものでした。ドアの横に服を吊すハンガーがあります。シャワーの間、カメラに撮影されているのではないかとずっと不安でした。

シャワー時間は20分と決められていましたが、私の場合、髪を洗うだけでも30分は必要でした。ちゃんとしたシャンプーもコンディショナーもなく、体は液体石けんで洗うしかないので、なおさらです。ルールがとにかく厳しかったです。まだトイレのない独房にいたとき、トイレやシャワーに行く際にはドアの下から紙を出して、看守が気づいてドアを開けてくれるまで待たないといけませんでした。何時間も待たされることもざらで、私がドアを叩くと、お前にそんな権利はない！　と怒られました。夜間は看守がドアを開けないと言うので、水を飲まないようにしていました。

――尋問中の雰囲気はどのような感じでしたか？

ふたりの尋問官は、家に来て私を逮捕した当局の人間でした。ひとりは質問を書く役割で、やや融通の利く感じです。もうひとりはもっと厳しい人でした。寒い時期で尋問室も寒かったです。私は拘禁が始まってすぐに、自分には黙秘権があり、それを行使すると言いました。すると彼らは私を脅し、卑猥な言葉で侮辱してきました。そしていきなり、私を怖がらせようとおかしな音を立てました。一度など非常に不適切なことを言いました。私は立ち上がって、独房に帰ると主張しました。彼らは、そうなると尋問はなくなり、私の処分は未決のままになると言いました。「けっこうよ」と私は答えました。そのまま独房に戻され、その後2日間、尋問はありませんでした。

自白を引き出そうという無駄な試みが何日か続いたあと、初めての人が尋問にやって来ました。その人はサーダール（イスラム革命防衛隊で2等の准将以上の階級にいる将校や、かつての軍隊やイスラム革命委員会の指揮官、あるいは解散した建国ジハードの指導者などに対する敬称）と呼ばれていました。彼の話し方はきちんとしていました。私は自分には黙秘権があることと、黙秘権を行使しようがしまいが、尋問官が侮辱をやめない限り、尋問は受けないと告げました。彼は尋問官の非を認め、ふたりに向き直って言いました。「彼女に黙秘させておけ。もう証拠はじゅうぶんあるんだ」

そして部屋を出て行きました。

尋問の17日目か18日目に、それまでとは別の大きい部屋に連れて行かれました。壁に向かって椅子がたくさん並べてあり、左側には窓が、右側には机がありました。そこには私しかいませんでした。それから、私の友人のひとりが連れて来られ、質問されました。彼女は答えて部屋を出て行きました。それからまた別の友人が連れて来られ、同じように質問され、答えて、出ていきました。これが私にどれほど大きなプレッシャーを与えているか、尋問官にはよく分かっていたでしょう。同じ日に初めてタバコと電話を渡され、驚きました。

彼らは最も効果的な方法で私を苦しめましたが、私も彼らのやり方を真似て、侮蔑的な、嘲笑的な態度で応戦しました。これで勇気が湧いてきて、尋問官はますます怒り狂いました。尋問官は私と友人の間に壁を作ろうとして、何度か対立させましたが、私は尋問官が友人に関して言っている内容を信じませんでした。彼らは私のノートパソコンの中身をまだ見ることができず、メールや、パスワードで守られているアカウントを開けなかったので、容疑を否認し黙秘していた私は、証拠隠滅という罪状で起訴されました。

——尋問は何日間でしたか？

45日間です。タスアとアシュラ（イスラム暦の新年のなかで、9日目と10日目。シーア派では預言者の孫、フセイン・イブン・アリがカルバラの戦いで殉教したことを悼む宗教行事をおこなう）の日にも尋問されました。尋問室で昼食を出され、ときには夕食まで尋問室ということがありました。尋問が長時間にわたるせいで、日課の外気に触れる休憩時間がなくなってしまうこともありました。

尋問がすべて終わると、初めてペンが与えられ、それから新聞とテレビも与えられました。最後の尋問が終わって20日後に、マフディエー・ゴルー（学生運動家、女性解放運動家。２０１４年10月21日、イスファハンで起きた女性に対する酸攻撃に抗議し、国会前で女性解放家の集会を開いた罪で数日後に逮捕され、エヴィーン刑務所に入った）と同室になりました。

これらの権利を与えられる前、50日間はそうだったのですが、私は耐えがたい状況にいました。他の独房から聞こえるテレビの音でさえ苦しかったのです。しかしこれ以降、少しだけ状況が改善されました。少なくとももう壁とふたりきり、ということはなくなりました。

――電話での通話は許されていましたか？　面会の条件は何でしたか？

私は18日後に初めて電話の使用を許され、それからは週に1度、4分間だけ電話で話して良いことになりました。初めての面会は25日後でした。それからは毎週木曜日、1時間、家族の3名に限って、対面で会うことを許されました。面会は小さな部屋でおこなわれ、尋問官がドアの後ろに立っていました。

――家族と会ったことで、どのような変化がありましたか？

とても大きな意味がありました。会えなかったときは、何が起きているのか分からず、そのせいで心配になりました。家族に会えたので心配事が減り、訴訟の進展も教えてもらうことができました。家族に会うということは、囚人の気分を明るくします。2A棟には鏡がなかったので、自分がどんな見た目になっているのか、母が説明してくれました。

尋問が終わったので、そして家族の尽力のお陰でもあるのですが、エヴィーン刑務所の法医学者に、目眩と皮膚感覚の異常について診察を受けることができました。そしてバキヤタラ病院でＭＲＩを撮ることになりましたが、結果を聞かされる前にエヴィーン刑務所の一般房に戻されました。自然光や外気が不足している厳しい環境、そして抑圧と不安のなかで、私は心も体もかなり病んでしまいました。のちに分かったのですが、独房に拘禁された仲間たちもまた、同じ症状に悩まされていたようです。

――独房拘禁についてどう思いますか？

独房は、缶詰のようなものです。中から開けることは絶対に不可能で、重圧、孤立、不安がその缶をつぶさんばかりに叩きつけてくるのです。看守は何の前触れもなく、鍵をガチャガチャ言わせて、いきなりドアを開けます。独房の真ん中で横たわっている自分以外の誰でも、いつでも、それをできるのです。あそこで過ごした間、私は無意識にドアのほうを見ないようにしていました。

ザラ・ザクタチ

ザラ・ザクタチ（1969年生まれ）は社会科学の学者、研究者である。2013年10月16日、彼女は諜報治安省に路上で逮捕された。その日から2014年12月まで、独房に拘禁され、厳しい尋問を受けた。夫のセイド・ジャヴァド・コシニヤット・ニクー、そして娘のナルゲス、妹のファエゼもまた同時期に数日間拘禁された。その後ザラ・ザクタチだけが一度の釈放もなく、刑務所に拘禁されている。裁判が開かれたのは逮捕翌年の2014年4月8日だった。ザラはそれ以前の2009年にも、テヘラン大学でおこなった大統領選挙の結果に関する世論調査が原因で、数日間拘禁されている。2015年には、ムジャヒディン・ハルク（別名イスラム人民戦士機構。現政権の打倒を目指すイランの武装勢力）と関わったという罪で起訴された。これは彼女が父親の写真を持っていたせいで、父親はこの組織を支持した罪で1981年に処刑されている。サラバティ裁判官はザラに10年の禁固刑を言い渡した。

――いつ、どのように逮捕されましたか？

２０１３年10月16日、路上で逮捕され、すぐに独房に入れられた。諜報治安省管轄のエヴィーン刑務所２０９棟に引き渡され、最初の33日間は誰とも会えなかった。私の逮捕時に夫も逮捕されたとのちに知ったが、当時も、現在も、夫が政治活動をしたことは一度もない。

当局に引き渡されたあと、彼らと一緒に自宅に行き、家宅捜索に立ち会わされた。イード［イード・アル・アドハー。犠牲祭。イスラム教の大切な宗教儀式のひとつで、親族や近所の人々が集まる］の最中だったので、娘たちは母の家に集まっており、私の家には誰もいなかった。彼らは空っぽの家で私の荷物をひっくり返して捜索し、次に母の家に私を連行した。役人たちはそこで、私の妹と長女も逮捕したのだ。ようやくエヴィーン刑務所に着いたのは、夜９時を回った頃だったと思う。

そこで初めて、夫と妹と娘も２０９棟に拘禁されると知った。２０９棟に着くやいなや、私は服を着替えさせられ、尋問室に連行された。

夫と妹と娘は近くの部屋で尋問されていて、声が聞こえた。その後33日間、私は誰とも会えなかった。

――尋問はどれくらい続きましたか？

私が独房にいた14ヵ月の間、３ヵ月は尋問があった。だいたい10日に１回程度の頻度で尋問官が来て、尋問は朝の9時か10時頃に始まる。昼時、尋問官が出かけてランチを食べ、戻ってくるまでの間は、尋問室で座って待つ。尋問はたいてい夕方3時か4時まで続いた。尋問の間、私が話すことはほとんどなかった。

――電話の使用が許されたのはいつですか？

3ヵ月経って尋問が終わってから、毎週日曜に家に電話をして良いことになった。初めて母と電話で話したとき、夫が逮捕から20日後に、妹は10日後に、娘は翌日に釈放されていたと知った。彼らがどうなったのか、それまでずっと分からなかった。その後、刑務所で15日おきに家族と会えることになった。のちに夫から、彼は殴られていたと聞いた。いかなる政治活動にも参加しておらず、そんなことにまったく興味のない人なのに。

――刑務所で尋問を終えたあと、何をしましたか？

3ヵ月後、尋問が終わると、新聞を与えられ、テレビも朝9時から夜10時までは見て良いことになった。

――独房の状況について教えてください。

最初の3ヵ月間、私がいたのは建物の最上階の独房だった。鉄枠の窓がひとつだけあり、外側に細かい穴のあいた鉄プレートが被せられていて、自然光は全く入って来ない。私の独房は3番通路。209棟の囚人たちは、私がその通路にいたことを知っていたと思う。通路番号が大きければ大きいほど、そこにある独房はより暗く、息苦しいことも知っていたはずだ。

私がいたのは、最も数字の大きい独房だった。冬で、とても寒い日が続いた。氷のような冷気から少しでも身を守ろうと、私は毛布を身体に巻きつけ、独房がわずかでも暖まることを祈った。太陽が刑務所の屋根を照らして、熱が伝わってくることを切に願った。あまりにも寒く、独房のなかで最初は立ち上がることも歩くこともできなかった。私はイードが終わるまでその3番通路の独房にいたが、そのあと、別の男性囚人が入ることになり、1番通路に移された。

1番通路には私以外の囚人はいなかった。最初の3ヵ月間は最悪だった。食べ物が合わない。飲み水がほしいと頼んでももらえず、見下したような口調で「蛇口から飲め」と言われる。独房を掃除するためのホウキすらない。

1週間に3日、20分ずつ、外気に触れる時間があった。シャワーは週に3回。金曜日は外気に当たるのもシャワーも禁止。私に与えられたものは、何もなかった。

――警備の状況はどうでしたか？

独房にはトイレがなく、トイレのために独房を出るとき、毎回目隠しを強制された。トイレはほんの数歩先にあったのに。想像してほしい。私はその独房に14ヵ月いたから14ヵ月間ずっと、トイレに行くときは毎回目隠しをさせられていた。そして毎回、行くときも戻ってきたときも、身体検査をされた。

「独房にもトイレにも、私以外に誰もいません」と私は言った。

「ここにも、むこうにも、自分の持ち物なんて何も置いていません。なぜ身体検査が必要なんですか？」

彼らは私の言うことなど聞きもせず、どれだけ反論しようとも、そうし続けた。

一度、２０９棟の責任者が来て、私に食事が美味しいかと尋ねた。彼にこの質問をされたのは二度目だった。

「言わせてもらいますけど」と私は答えた。

「あなたは食べ物のことばかり聞く。私は羊ですか？　この状況を見てください。独房でたったひとり、何ヵ月も過ごしていて、トイレに行くたびに身体検査をされるんです。一体どんな嫌がらせなんですか？」

しかし私には分かっていた。彼もまた、ただ命令に従っているにすぎないと。

——体の健康状態や、医療はどうでしたか？

一度、歯が折れてしまい、刑務所の医務室で診てもらいたかったが、彼らは全く聞き入れようとしなかった。歯茎が化膿して悪化しても、医務室に連れて行ってくれなかった。ある女性看守が、私を病院に連れて行く代わりに、医師の処方もないまま、抗生剤だと言って錠剤を渡してきた。他にどうしようもなく、私は数日間その薬を飲んだ。

それから少し経って、209棟の責任者が私の状態をチェックしに来た。私は、歯が折れて化膿し、食事をうまく食べられない、歯痛に苦しんでいると訴えた。「必要な医療措置を受けられるようにしよう」と彼は言う。数日後、私は棟の地下に連れて行かれ、卓球台と椅子がいくつかある部屋に通された。椅子に座らされ、年配の男性が私の歯を診察したが、「できることは何もない、我慢するしかない」と言い放った。そしてデンタルフロスの包みを私に渡して、消えた。折れた歯は、私が独房から解放されるまで、何の治療を受けることもできなかった。

——独房ではどのように過ごしていましたか？

主任尋問官に、せめてペンとノートだけでもくれないかと頼んだことがあった。独房にはクルアーン［コーラン。預言者ムハンマドが神（アッラー）に与えられた啓示をまとめたイスラム教の聖典］

と『マファティ・アル・ジナン』（「天国の鍵」と呼ばれる十二イマーム派の儀式、祈禱集）しかなく、『ナフジュル・バラーガ』（「雄弁の道」と呼ばれるムハンマドの従兄弟アリの説教集）はなかった。

独房生活の14ヵ月で自分がなすべきことのスケジュールを作った。14ヵ月の間に、クルアーンを14回読んだ。ペルシャ語の注釈が付いたクルアーンを、毎日決めた分だけ読み進めた。数ヵ月後、申請していた『ナフジュル・バラーガ』を受け取ることができたので、それを読むことも日課に加えた。

朝、祈りのために起きる——実際には眠らなかったが——と、とにかく身体を動かした。運動は1日に2回、1回目は朝、2回目は夕方にしていた。

朝の運動のあと、使い捨てカップに入った茶を飲み、朝食を食べる。朝食はだいたい、申し訳程度のジャムとバターのついたパンがひと切れだった。金曜日だけ卵が出る。ひどすぎて少しも食べられないこともあった。私は毎週月曜と木曜に絶食すると決めた。

毎日、壁に線を引いて拘禁日数を記録した。日数がわからなくなるので眠りすぎないように注意した。

私の前に入っていた囚人たちが壁に書いたものの内容を覚えた。看守はその文字を読ませまいと数ヵ月に1回は壁を塗り替え、イタチごっこのようだった。

日中はクルアーンを暗記した。拘禁中に3章分覚えた。

自分も壁に文字を書いてみた。しかしある日、トイレから戻ると、看守に「お前のために壁を綺麗にしてやったぞ」と告げられた。

――そんなにも長期にわたって拘禁された正当な理由は何だったのですか？

私が逮捕されたのは2013年10月16日。3ヵ月間尋問され、それからずっと独房に放置された。

初めての裁判は2014年4月8日で、最後の裁判は同じ年の12月7日だった。担当裁判官は、あのサラバティ（アボルカセム・サラバティはテヘランのイスラム革命裁判所第15支部の裁判官で、アメリカ合衆国政府によって制裁を受けている）だった。

裁判所での公判は理由もなく延期された。初めて裁判所に行ったときなど、裁判官が来るまで何時間も待たされた。イードのため、親戚や友人と会っているのだ、と。

「弁護士はいるか」と聞かれたので、「いや、いません」と答えた。路上で逮捕され、独房に拘禁されて誰とも会えなかったのに、いるはずがない。

私には公選弁護人を頼む権利があった。理由も知らされないまま何ヵ月か独房に入れられたあと、再び第15支部に呼ばれた。しかしまたしても、裁判は開かれなかった。

尋問官のアラウィ氏は、私の件は重大なので、モハレベの罪（神に対する敵意、というイラン・イスラム共和国では重大犯罪）で起訴すると言う。公選弁護人は私の起訴状を読み、あまりに怖くなり、弁護を拒んで逃げたのだ、とも言った。

私の母は、裁判所の支部から支部へ、検察官から検察官へ訪ね歩き、私の裁判が開かれるように要求し続けた。

私は２０１４年1月11日に12年の禁固刑を言い渡され、２０１４年12月にエヴィーン刑務所の女性一般房に移送された。上訴したが有罪は覆らず、10年は外に出られないと言われた。


――あなたは14ヵ月間、独房にいたわけですね。そんな拷問に耐えられると思っていましたか？


私は政治活動を活発にしていたわけではない。例外は２００９年、〔前回の〕逮捕の半年前に小さな団体に所属していたときだ。

２００９年の選挙とその後の政治についてのプロジェクトで、最高指導部が主導した世論調査だった。私はそのプロジェクトの一員として、地下鉄や路上で、人々にアンケートをとっていた。調査の内容は、人々が拷問され、殺されているという噂を信じるか、というものだった。

ある日、私がハフテ・ティールの地下鉄の駅前でアンケートをとっていると、知らない男がすぐ横に立っているのに気づいた。不安にはなったが、合法的にやっていることだから、危険はないと信じていた。だからあえて、その男にもアンケートを頼んだのだ。彼はアンケートに応じ、その足でハフテ・ティール広場の駐在所へと向かった。警察官が来て、私は逮捕された。

ヴォザラ通りの拘置所に連れて行かれた。「私は政府の仕事をしているのであり、正規の許可をもらい、それに従って職務を果たしている」と説明した。上司は私たち調査官に、問題が起きたらすぐに連絡するよう言っていたが、私は電話をすることすら許されなかった。

ヴォザラ通りの拘置所で一晩過ごした。あの夜は本当に大変だった。

朝は人がいなかったが、夕方から夜になるにつれ、どんどん人が増えていく。麻薬常用者の女たちが連れて来られ、ほかには、一時結婚をした女性や、マルチビジネスに手を染めた女性などがいた。トイレは不潔で最悪だった。食事はアルミの鍋で運ばれてきて、そこにいる女性たちが一斉に群がった。刑務所の恐ろしいイメージが心のなかで膨らんでいった。

この2009年の経験を通じて、私は収監されること、その大変さを知った。ヴォザラ拘置所で過ごした一晩は、私にとって初めての、そして［今回の］逮捕前に経験した唯一の拘禁だった。

2013年、209棟に入れられたときも最悪の扱いをされ、厳しい尋問を受けた。

私は女性房から出されて廊下にいた。尋問官が来るのを待っていた。するといきなり尋問官が現れ、私のチャドルをつかみ、身体を引きずって独房に押し込んだのだ。それから私を脅迫し、侮辱し始めた。彼は、数日あれば私の家族10人をここに連れて来て拘禁することができると言う。そして家族や義理の母を侮辱した。その男の威圧感で部屋のなかの空気が外に出てしまったような、息が吸えない状態になった。

「おい、さっきお前の死刑判決が出たぞ」と言われたこともある。

私は口を開くことさえ許されなかった。一言でも話そうとすると、お前にそんな権利はない！　と怒鳴られるのだ。一晩中、そんな状態だった。

「ズダ袋を持ってこい」と、彼は部下に命じ、その袋を私の前に放り投げる。開けると、中にはムジャヒディン・ハルクの横断幕が何枚か入っている。部下はまた、私の父の写真も持ってきた。１９８１年に処刑された父の写真を、私が額装してとっておいたものだ。尋問官は、私がキャンプ・アシュラフ（ムジャヒディンの本拠地。最後のメンバーがアルバニアに逃れ、２０１６年に閉鎖された）と関わりがあるかと尋ねた。

「いいえ。そのことで、父と姉は殺されましたが」と私は答えた。

彼らは私のノートパソコンとプリンターとコンピューターを自宅から押収していた。

拘禁初日のこと。尋問官らと一緒に、私はエヴィーン刑務所の前に立っていた。私を自宅まで連行し、捜査する役人を待っていたのだ。尋問官らは、わざと私に聞こえる声で、「尋問官のなかには尋問の前に被告を殴るやつもいる」などと談笑していた。ある尋問官が近寄ってきて、私に電話を渡した。それが主任尋問官のアラウィ氏だった。彼の尋問は他とは違い、暴言を吐くようなことはなかった。彼は私に、捜査のためにメールアドレスを尋問官らに教えるのが身のためだ、と言ったが、「メールはしないのでアドレスはない」と答えた。

――あなたの受けた尋問の内容について教えてください。尋問官たちは、本当に何かの調査を

していましたか？　彼らの質問は、あなたの仕事についてでしたか？

２０９棟に連れて行かれた夜、すぐに尋問が始まった。夫、娘、妹、そして私は別々の部屋で尋問された。夫の声が聞こえることもあった。

34日間、私は尋問官とひたすら口論をしていた。尋問官は、今回の逮捕の10日前から私を監視していた、さらには２００９年の逮捕、釈放後からずっと盗撮していたと言う。

尋問官との言い争いは観念的になっていき、これはもったいぶった前座のようなもので、本当の尋問はこのあとに始まるのだろうと思っていた。

アラウィ氏は私に質問するより、様々な話題について、特に武装組織について、論じ続けた。私の方は娘と妹が釈放されたかどうかすら尋ねなかった。そのため尋問官らは、このままでは家族をネタに私にプレッシャーをかけられないと悟ったようだった。

そこで彼らは、こんなことをした。私の実家に電話をして、「お前の母親が死刑になると知ってるか？」と娘のナルゲスに告げたのだ。私は耐えられても、家族の気持ちは粉々に砕け散った。母は裁判官のもとに駆けつけ、必死で苦情を訴えた。家族の焦燥を知り、私が精神的プレッシャーを受けたのは言うまでもない。

私は、いわゆる「抵抗」をしたかったわけではないし、だんまりを決めこもうとしていたわけでもない。そうではなく、自分の権利に無知で、答え方が分からなかったのだ。彼らが負わせようとしている「モハレベ」の罪など、まるで身に覚えがなかった。

――尋問官が具体的な質問をしてこなかったのなら、実際には何を知りたがっていると思いましたか？　そして彼らの要求は何でしたか？

私は法廷でサラバティ裁判官に、「もし釈放されたら政治活動はしない」と告げた。サラバティは尋問官にそれを話せ、と答えた。

アラウィが法廷に現れ、彼は、もし私が法廷で言ったことが本当なら、それを紙に書いて、自白動画を撮らなければならない、と言った。彼らの次のステップは、私が組織に反対していると言わせることだったのだ。

私はこう答えた。

「［最初の］逮捕の半年前、政治運動に関わった理由は、自分が小さいときに父親が不当に死刑になったからです。私はわずか11歳で、つらい思いをしました。あなた方が私を逮捕し、夫と娘を独房に連行したとき、現在11歳の私の末の娘の胸にも、同じように苦い経験が刻み込まれたのです」と。

母親の家で逮捕されたとき、子どもの頃の感覚がまざまざと蘇った。

「私はあなたに個人的な恨みはありませんが、あなた方は私の父を不当に殺しました。私は、自分の受けた抑圧に対して立ち上がっただけです。11歳の時、あなた方は父を処刑しました。

母も逮捕して、16歳の兄が政治的なビラをたった1枚持っていたというだけで、逮捕して5年の禁固刑に処しました。兄は4年間耐え忍び、アヤトラー・モンタゼリの恩赦で釈放されました」

それから何年も経って、私は自分が逮捕される半年前にビラを数枚作った。私と家族を苦しめた暴虐に対し、声を上げたかった。

私は死刑にされるほどのことや、「モハレベ」であると断じられるようなことは、していない。私はもし自白するのならすべてのことを、つまり、始まりの1980年代から自分の身に起きた出来事を包み隠さず話すつもりだと告げた。

その日、尋問官は私の21歳の娘と11歳の娘に、公園で会おうと約束していた。彼は私との話が終わったら、その足で娘たちと会うつもりだった。私が尋問室にいるとき、尋問官の電話に私の長女から着信があった。尋問官は、お前の娘からだと、私に電話を渡した。私は電話に出たものの、一体なぜ娘がこの男に電話をしてきたのか分からなかった。アラウィは「先にお前の母親と話をさせてくれ」などと言っている。

母は、私の娘たちがアラウィと会う予定だと気づき、ふたりだけで行くことを許さなかった。母も一緒に行って、アラウィに何か言われる前に、私が1年も独房に入れられているのは不当だと抗議したのだ。母とアラウィは口論になり、彼は娘たちと話すタイミングを失った。

翌日、彼は刑務所に来て、娘たちと会おうとしたが家族に邪魔をされた、と言った。

あとになって、あのまま娘たちだけで会っていたら、娘たちが私について証言する様子を録画されるところだったと分かった。

彼らは尋問を通じて、娘を使うのが私には効果的だと判断したのだろう。しかし思いどおりに事は運ばなかった。

その日から数ヵ月間、彼らは「お前の裁判書類がなくなった」と言い続けた。母が検察官のオフィスに出向き、裁判の進捗を確かめるたびに、「書類がなくなった」と言われたそうだ。

このような先行きが見えない状態で、私は独房に入れられていた。

数ヵ月後、アラウィとの面会を要求した。

「私の裁判書類はどこ？　裁判も開かれないし、これからどうなるか、何も言われていないのですが」と尋ねた。アラウィはあの日の公園での出来事、つまり母について文句を言い、私に何者かの電話番号を渡して出て行った。そしてこの面会のあと、私の裁判書類が見つかった。

——脅迫は受けていましたか？

２０９棟にいる間、脅迫されていたのは私より家族だったと思う。私自身もアラウィに「死刑になる」としょっちゅう脅された。尋問の最中、自分が法廷に立つときに、家族、特に娘たちに一緒にいてほしいと訴えたことがある。

「だめだ」と彼は言った。「お前の判決は死刑だから、娘はいないほうが良いだろう」と。家族が受けた重圧は相当だった。母は慣れているが、娘たちはまだ幼い。怖がって怯えて、「ママ、ママが恐ろしい目に遭うと、私たちもすごく怖いから嫌なの」と言っていた。子どもたちにとって、あまりにつらい経験だっただろう。

――被告として自分の権利をどれくらい知っていましたか？

自分の権利については全くの無知だった。弁護士も含め、誰とも会えなかった。会っていたのは尋問官だけ。検察官さえ、ひとりも会わなかった。

ある月曜日、絶食しているときに、尋問に連れて行かれた。彼らは私の裁判書類を机に並べ、私の活動の内容を説明し、すべての書類に署名をしろと要求した。私はそこに朝から夕方まで座って、活動について説明し、すべての書類に署名した。自分のやっていることが正しいのか、自信が持てなかった。裁判と裁判官のために必要だと、彼らは言った。

――独房について、他に何か言いたいことはありますか？

独房ではあらゆる困難を経験したが、私は独房を悲劇ではなく、何かの機会だと捉えようとしていた。実際、他のどこでも学べない教訓を得た。のちに女性房に移されたとき、不思議に思った。尋問されている最中、あれほど言い争う気力がどこから湧いてきたのだろう、と。

私は外の世界と完全に遮断されていた。往々にして、人はそんな状況に置かれると内省的になるし、私自身もそうなった自覚があった。

クルアーンを大きな声で唱えた。毎日、注釈を見ながら、2ページずつ読んだ。独房にいる間、1年以上かけて、注意深く意味を考えながら14回通読した。これが私の闘争心にもたらした影響力は計り知れない。私は宗教的な信念に従って生き、闘った。

独房では、自由について、刑務所の外の世界について、そして刑務所を出ることについて、考えないようにしていた。

最後の裁判は2014年12月7日。私は独房に戻り、そして翌日、朝の10時半に呼び出された。独房を出たとき、次は何をされるのか分からなかった。彼らは何も言わないまま、私を別の建物に連れて行った。そこは女性房だった。私の14ヵ月の独房生活が終わったのだ。

ナザニン・ザガリ=ラトクリフ

ナザニン・ザガリ=ラトクリフ（1978年テヘラン生まれ）はイラン系英国人で、2016年4月に2週間の旅行の予定でイランを訪問した。しかし帰国するときにイランの空港で身柄を拘束された。

逮捕時、ナザニンは乳幼児の娘、ガブリエラ（ギスー）と一緒だった。警察は幼い娘を彼女の両親に預け、彼女のパスポートを没収し、スパイ容疑、「外国機関・企業と共謀してイスラム共和国を転覆する活動」に参加したという罪状で逮捕した。判決は5年の禁固刑で、彼女はケルマン［イラン南東部ケルマン州の州都］刑務所の独房に連れて行かれ、のちにエヴィーン刑務所に移送された。彼女の夫であるリチャード・ラトクリフと、彼女が勤務するトムソン・ロイター財団は、ナザニンに対する起訴内容を全て否定した。［イラン政府は1970年代よりイギリスから回収できずにいた債権を身代金で払わせるために、ナザニンを人質にした］

――逮捕の瞬間で何か覚えていることはありますか？

身柄を拘束されて最初の夜、自分がどこにいるのか分かりませんでした。何が起きたのか、自分が何をしたかも思い出せません。ショック状態だったのです。何がどうしてこうなったのか……誰も何の説明もしてくれないのです。こんな扱いをされる理由も、子どもを取り上げられた訳や、ここがどこなのか、誰も教えてくれません。翌日、尋問に連れて行かれました。あとになって、それが私の尋問が始まった瞬間だったと分かりました。逮捕された日の午後、私はケルマン刑務所に移送されました。

――ケルマン刑務所はどんなところでしたか？　独房に入れられていたのですか？

ケルマン中央刑務所には、だいたい420人の女性囚人がいます。当時、隔離された房は1部屋だけで、420人の囚人とそれ以外、というくくりしかありませんでした。私は初めてその隔離房に入れられた人間でした。隔離房には、丈夫な鉄の錠前がついた分厚い鉄扉があって、鍵は開いていたことがなく、のぞき窓がはめこまれていました。中の大きさは2メートル×1メートルくらいでしょうか。しゃがむタイプのトイレが半壁の後ろにあって、その横に洗面台とゴミ箱があります。部屋には換気扇がついていました。自然光は入ってきません。天井の真ん中に電球が1個だけあり、ものすごく強い光でずっと点いていて、消えることはなかったです。

――独房の外で何か音は聞こえましたか？　他の女性囚人と何らかのやり取りはありましたか？

独房のドアの向こうから、一日中、４２０人の女性の声が聞こえていました。頭のなかで声がこだまになるほどでしたが、話しかけたりはしませんでした。

――独房のなかはどうなっていましたか？

床は石でできていました。下に敷くように汚らしい毛布を１枚と、体の上にかけるには小さすぎる毛布をもらいました。寒い時期だったので、私はコートを着たまま、ジーンズとジャケットも脱がずに寝ました。

――衛生状態はどうでしたか？

劣悪でした。健康体であの場所を出られたのは奇跡です。ちゃんとした洗剤がなくて。もらえたのは、コップ１杯分の液体石けんで、それでトイレと洗面台と自分の手を洗わなければならなかったのです。何度かは掃除用の洗剤をもらいました。ひとりのときは、液体石けんを使っていました。隔離房に別の人たちが連れて来られて、数日一緒に過ごすようになって、状況はひどくなりました。想像してください……トイレも洗面所も、食べたり眠ったりする場所と同じ空間にあるんです。

——シャワーを浴びることはできましたか？

シャワーは許してもらえませんでした。盥《たらい》とボウルを渡され、トイレで体を洗えと言われました。

——そこにいるのはどんな感じでしたか？

最初の週は一睡もできませんでした。動悸があまりにも激しく、毛布の上に体を横たえると、心臓がそのまま爆発するんじゃないかと思いました。窓にはめ込まれた換気扇の羽根の隙間から、空の色が見えたので、夜と昼の区別だけはつきました。アザーンを聞いて思わず祈り始め、ふと我に返って夜明けに驚くのです。朝はいつの間にか昼になり、昼は夜になっていきます。夜10時以降は物音を立ててはいけません。夜は全く眠れず、雀の声で朝になったと気づく有り様でした。

——食事はどうでしたか？

食事は1日に3回運ばれてきました。朝食、昼食、夕食です。毎回ペットボトルの水をもらいました。このとき以外に水を欲しがると、もう1日の配当分が終わったのでダメだと言われます。

食事の内容はひどいものでした。私はパンとチーズ、ジャムしか口にしませんでした。季節がだんだん暖かくなってきました。日中は暑く、夜は涼しくなります。エアコンもクーラーもないので、昼間の熱さには窒息しそうになりました。トイレは、食事を運びに来た看守たちが手で鼻を覆うほど臭いました。恐ろしく不快でした。

何度も病気になりました。よどんだ空気のなかでうまく呼吸ができなくなってしまったのです。ひとりで独房にいるのはつらく、狭い場所に閉じ込められる恐怖は相当のものです。では同室者がいれば良いのかと言えばそんなことは全くなく、むしろ房に誰かが連れて来られると、さらに事態はひどくなります。

何度か、麻薬の依存症患者が連れて来られたことがありました。狭い房、仕切られていない汚いトイレ、そんななかで何らかの依存症患者と一緒になると、もう最悪でした。

――尋問はどうでしたか？

尋問は初日からありました。最初の1週間は毎日尋問されました。次の週は4回に、それから週3回になりました。尋問の時以外は独房から出られなかったので、新鮮な空気が吸えるその機会が毎回貴重でした。ケルマンにいる間、私は7キロ痩せました。

――家族とは会えていましたか？

ケルマンにいた60日間、一度しか家族に会えませんでした。拘禁から31日目、面会室での面会が許されました。母と父、ギスー（娘）と妹が来ていました。この面会のあと、私は意気消沈しました。ギスーは変わってしまっていました。歯が生え始めていたのです。あの子は私が誰だか分かりませんでした。私も最初はあの子とは分からなかったほどです。家族が入ってきたとき、娘は私の父に抱かれていました。私はあまりに弱っていて立ち上がれませんでした。娘は私にしがみついたまま、数分は身じろぎもしませんでした。娘は私の母のほうを見て、それから私を見上げました。会わなかった40日間の間に、娘の顔が変わってしまったように思いました。犬歯のとんがりが見え始め、髪の毛も長くなり、背も伸びていました。尋問官は娘にお人形を渡しました。2週間後が娘の誕生日だったのです。ギスーはお人形を見て大喜びしました。尋問官が部屋のカメラを指さして、監視されていると忠告したので、私たちは家族のことしか話さないように気を付けました。

――家族に電話をすることは許されていましたか？

定期的に電話をかけられる決まりのようなものは何もありませんでした。尋問官が尋問の成果に満足するかどうかにかかっていました。満足すれば、電話をかける許可をくれました。そうでなければ、許可は下りません。最初の1週間は毎日電話ができましたが、それ以降は無理でした。

――尋問のプレッシャーにどう耐えましたか？

尋問官は私がスパイ容疑を認めない限り重い刑罰が下ると脅しました。彼らによれば、夫もスパイなのだそうです。私が本当の姿を知らないだけで、職場も偽っていると言われました。夫が勤務先から受け取っているメールを見ればスパイではないと分かる、と説明しましたが、信じてもらえませんでした。

彼らはとにかく、夫はスパイであり、私は諜報機関で働いていると言わせようと何日も頑張りましたが、私は負けませんでした。尋問がひどくなりました。独房に40日間拘禁され、ケルマン刑務所の一般房に18日間入れられました。協力しなければギスーをロンドンに送り返してしまうぞと脅されました。彼らはまた、お前は失業した、尋問がこれ以上長引けば夫にも捨てられるだろう、とも言いました。本当に腹が立ちました。彼らは私の同僚やその人たちの関わっているビジネス・プロジェクトについて聞きたがりました。3週間ほとんど眠れませんでした。子どもにも会えず、重圧に押しつぶされそうでした。重圧に負けて心にもないことを言ったこともありました。あるとき、尋問官がアイパッドを持ってきて、夫のリチャードの自白動画を部分的に見せたことがありました。私は激しく泣いて、失神しました。またある日の尋問では、感情があまりに高ぶって、椅子から落ちてしまったこともあります。ケルマンの尋問官は常に私を追い詰めました。私は不安でいっぱいになりました。尋問官たちの態度や雰囲気が特に嫌でした。とても怖かったのです。

――ケルマンで、あなたの心理状態はどうでしたか？

ケルマンでは最低の気分でした。私は泣きました。叫びました。クルアーンをたくさん読みました。おそらく全編を7回は読みました。神に話しかけました。叫んで、気を失いました。意識が戻ると、私は毛布の上に倒れていて、ロザリオを握りしめていました。ずいぶん長い間、失神していたようでした。ケルマンでは時が過ぎていきません。あの場所では時間をやり過ごすことが、とてつもなく大変なんです。ここ、エヴィーンではそんな経験をしたことはありません。昼間がのろのろと進み、夜も同じように停滞しています。そして再び、尋問です。

尋問官が結果に満足すれば好物を聞かれ、注文してもらえました。

――尋問室の雰囲気はどうでしたか？

私は隔離房から尋問室に連れて行かれていました。車で3～5分ほどの距離なのですが、その間、私は目隠しをされ、道中は何も見えませんでした。入って行くのは普通の家のような場所です。そこでやっと目隠しを下げることができます。そこに上がる前に靴と靴下を脱がないといけませんでした。建物のなかには、私たちが呼び鈴を鳴らすたびにドアを開けてくれる男性がいました。別の部屋には、書記と翻訳者がいました。尋問室に入ると、私は目隠しを完全に外して尋問官が入ってくるのを待ちます。

ときどき、そこに座ったまま何時間も待つことがありました。尋問官が入ってくると、彼らがカメラをスタンドに設置したのが聞こえます。それから革鞄を前に置いて、私からは何を書いているのか見えないようにしているのも伝わってきます。尋問官は小さい鞄も持っていて、そちらには記録用のオーディオとカメラが入っていました。その機器が光ってチカチカしているのを1回見たことがあります。尋問官が入ってきてこれらの準備をする間、私は再び目隠しされています。この工程が終わると、私は目隠しを外し、尋問が始まります。尋問の間は、お茶や、ときにはケーキも出ました。

――ケルマンで独房に入れられたこと、特にギスーと引き離されたことで、心にはどんな影響がありましたか？

とにかく心配でした。将来はどうなってしまうのだろうと考えました。なぜ私の赤ちゃんが、たった2週間前まで私が授乳していた子が、引き離されてしまったのか、ずっと考えていました。朝、目を開けるとギスーの姿を探します。あの子が寝ている間、サラサラの髪をかき分けてあげた夢を見たのです。

これは悪夢なんだと思いました。ギスーと引き離されたということが信じられませんでした。あの子に会いたかった。あの子をお風呂に入れ、寝かしつけたかった。いま思い返すと、あの頃の自分が何を考えていたのか、正確には思い出せません。ケルマンでの出来事は思い出せないことが多いんです。ケルマン刑務所の雰囲気には窒息させられそうだったので、忘れたいのかもしれません。

ギスーとは、たった一晩を除いて、一度も離れたことがありませんでした。それが私の腕から奪われてしまったのです。私がいなくて、あの子は大騒ぎしているに違いない、そう思いました。あの子はいつも小さな手を、私の顔や胸や手に押しつけてきました。私がいなくて娘はどうするんだろう、どうやってご飯を食べ、眠るのだろうと思いました。心配で頭がおかしくなりそうです。こんなことは1日、2日で終わると思っていました。これほど長くかかるとは考えもしなかったのです。

逮捕から3日後、3人の尋問官がテヘランからケルマンにやって来ました。3人はそれぞれ別の質問をしてきます。なかでも自分の性格について様々な質問をされたのには驚きました。それから、その場で夫に電話をして、誤解があっただけで土曜日に釈放されると伝えるように言われました。両親にも電話で同じことを言わされました。

しかし土曜日、私はまた尋問に連れて行かれました。お前の釈放はなしだ、と尋問官が言います。「あのときは諜報治安省のお前に対する印象が良かったが、いまは悪い」と言われました。私は激怒して、家族と自分に対する彼らの仕打ちを非難しました。すっかり思いつめてしまいました。心臓が飛び出しそうにドクドクして、そのことが恐ろしくて体が震えました。

――独房のせいで、不安と恐怖はどの程度ひどくなりましたか?

ものすごく。独房のせいでパニック障害になりました。閉所恐怖症になりました。私は怯えていたので、独房にひとりで閉じ込められるということは、残酷な拷問でした。女性の看守に、ほんの少しだけドアを開けておいてくれたら、看守の姿が見え、落ち着くことができると訴えました。少なくとも眠れるようになります。しかし彼らは、ドアとのぞき窓は閉めておく決まりだから、と答えるだけでした。不安と恐怖に加え、ホームシックと鬱に苦しみました。ギスーとリチャードのことが心配でした。今頃ふたりは何をしているだろうと考えずにはいられません。私がケルマンにいた最初のほぼ1ヵ月間、家族は私の居場所を知りませんでした。

私が家に電話をするときも番号は非通知で、ケルマンにいると伝えることを禁じられていました。

——不安がひどくなって、精神科医の診察を受けられましたか？　あるいは他の身体的な不調で刑務所内の医務室に連れて行ってもらったことはありましたか？

医務室には行けませんでした。私は深刻な鉄分とビタミンD不足で、拘禁される前は治療を受けていましたが、独房に錠剤を持ち込むことを許してもらえませんでした。普通の生活を送ることのできない独房で、症状が悪化しました。

拘禁は過酷でした。ドアにはめこまれたのぞき窓には、少しだけ隙間がありました。そのわずかな隙間から外を覗くと、女性看守が事務所にいるのが見えました。私は呼びかけたり、ドアを叩いたりしました。しかし彼女らはナッツを食べ、お茶を飲みながらおしゃべりしていて、私のことを無視します。私がドアを叩くと、別の囚人が自分のドアの鍵のところを叩きます。「うるさい」という意味です。これもまた拷問でした。

——状況が耐えがたく、助けが必要だったとき、何の配慮もなかったのですか？

私が空腹を訴え、パンとチーズをくださいと言うたびに、無視されました。ほんの数分独房から出してほしいという願いも聞いてもらえませんでした。

――独房ではどのように時間をつぶしていましたか?

運動はもちろん、とにかく何もできませんでした。ショック状態で、独房内を歩くことすらできませんでした。神に助けてくださいと小声で祈り続けました。他にどうして良いか分からなかったのです。独房にはクルアーンがあったので、ずっと読んでいました。独房の雰囲気は恐ろしかったです。あたりを見回すのも嫌でした。ドアから数メートル離れた床に鉄の棒が突き出ていて、気になっていました。別の囚人が連れて来られて、その棒は死刑の迫った囚人を繋いでおくためのものだと教えてくれました。もう縮み上がりました。正気の沙汰とは思えません。この独房で最後の夜を過ごした死刑囚のことを思い、彼らが棒に繋がれている姿を想像すると、その声が地獄から響いてくるような錯覚に陥りました。独房にはトイレとバケツ、2枚の毛布、クルアーンと『マファティ・アル・ジナン』以外に何もありません。

――電話でギスーと話ができたとき、どう感じましたか?

通話時間がとても限られていました。たったの3分電話で話しただけで、何が変わるというのでしょう? ギスーとはもっとたくさん話したかったのですが、許されませんでした。私は絶望し、こんなことがあって良いのかと信じられませんでした。

――電話で家族と話す、シャワーを浴びる、食事をする……これらで気分や感情に変化はありましたか?

いいえ、そういうことをしても気が晴れるということはなく、良い影響も悪い影響もありませんでした。

――尋問官は具体的に、何を求めていたのでしょう?

彼らは、存在しない事実を私に言わせようとしていました。私が英国議会のために働き、反イラン的なことをしている重大な秘密を握っている、と言うのです。

もちろんデタラメだと分かっていましたが、あまりにしつこく繰り返されたので、独房に戻ってから本当にそうだろうか、と自問自答するようになりました。たとえば、英国外務省でイランについて話をしただろうか、と。基本的に私の仕事は別の国に関してのものでした。それらのプロジェクトでほんの少しでもイランに関わる事柄があっただろうかと、独房のなかで何時間もかけて思い返しました。そして、自分のプロジェクトはイランとは関係なかったと100%の自信を持って答えることができました。それでも毎回の尋問のあと、またもや私は仕事のことを細かく思い返します。確かなはずなのに、尋問官に何度もしつこく聞かれ続けるので、また最初からすべてを疑う羽目になるのです。

長いこと、私は物事をはっきりとは思い出せませんでした。独房で何時間もかけて頑張るのですが、毎日やっていた簡単な業務の内容さえ思い出せないのです。自分がずっと関わっていたプロジェクトの名前も思い出せません。尋問官に言われる名前に聞き覚えはあるものの、誰なのかはっきりしません。私がいままでやった、普通の、特に問題のない仕事内容について、何時間も尋問され続けました。ケルマンの隔離房にいた45日間と、一般房にいた18日間、ずっとこういう尋問に耐えていました。

本当のところ、尋問官の主張する問題など存在しませんでした。問題は何も、全くなかったのに、私は何時間も何日間も際限なく無駄に尋問されていたのです。

――ケルマン刑務所で60日間過ごしたあと、どうなりましたか？　また独房に移送されましたか？

２０１６年6月7日、私はテヘランに移されました。釈放されると聞かされていましたが、私は母に電話をして、当てにならないと伝えました。ただ別の刑務所に移送されるだけで、釈放はされないかもしれないと言いました。

ケルマンで、私はＩＲＧＣ管轄の別の建物に連れて行かれました。部屋に入ると、椅子が何列も並んでいました。録画用のカメラもありました。移送されるはずだったのに変だと思いました。「なぜここに連れて来たんです?」と私は尋ねました。誰かが私に会いに来るのだと言われました。そこで大量の美味しそうなランチが出ましたが、私は食べませんと伝えました。カメラは、私が栄養のある食事を摂っているところを撮影するためのものだったようです。隔離房に入れられている間はパンとチーズさえもらえないこともあったのに。ひどく腹が立って、思わず叫びました。「あんたたちは、みんな同じよ!」。彼らのひとりも怒鳴り返してきました。私はいままでの尋問官を連れてきなさい、そいつに話すから、と言いました。カメラの撮影を止めるようにも言いましたが、彼らはやめませんでした。結局、私はテヘランの重警備刑務所に移送されました。

テヘランへは飛行機で連れて行かれました。途中に車移動もありました。彼らが車を替えたとき、母親にだけは電話をさせてほしい、家には帰れないことを伝えたいと頼みました。しかし運転手は私が釈放されると言うのです。昼間法廷にいる裁判官が夜になったら話をしてくれるので、その後で私は解放されると。私は本当なのか電話でテヘランの尋問官に確認しました。しかし「誰が釈放だなんて言った」と尋問官は言います。「あんたはケルマンからテヘランに移送されただけだ」

尋問官は、私の両親に事情を説明してやるから、実家の電話番号を教えろと言いました。しかし結局彼は電話をしませんでした。7日後、私は自分で家族に電話をして、テヘランに移送されたと伝えました。

――エヴィーン刑務所のどこに入れられましたか？

革命防衛隊の重警備刑務所2A棟に連れて行かれました。ここの独房はもっと小さくて窓はありませんでした。天井に白い照明があります。トイレは独房のなかにあって、床には絨毯が敷いてありました。毛布を3枚渡されました。ケルマンではホームシックになりましたが、テヘランでは大丈夫でした。テヘランは自分の町で、家族が住んでいる場所だからかもしれません。

――外気に触れる時間はありましたか？

1日に2回、30分ずつ、朝と夕方にありました。

――家族への電話や面会はどうでしたか？

最初の頃、電話はできませんでしたが、テヘランに移って間もない日曜日、ハジルー氏という検察官助手が私の独房に来ました。彼は私に自己紹介をさせ、これまでの事情を聞き、細かいメモを取り、娘と会えているか尋ねました。その2時間後、私が家に電話をする許可をくれたのです。翌日には、家族と面会できる日程の約束を取りつけてくれました。それ以降、私は2週間おきに家族と面会できることになりました。

――ギスーと、そしてご両親と会って、どうでしたか？

テヘランに来て8日後にハジルー氏に会い、ギスーとの面会を許されました。2度目の面会は、拘禁17日目におこなわれました。1度目より良かったです。というのも場所がテヘランだったからで、家族を近くに感じることができました。ケルマン刑務所はひどすぎて、私の心もすさんでいました。小さな娘を面会させるためだけに、家族はものすごいお金をかけて、はるばる来ていました。そういうこともすべて心配の種だったのです。

テヘランでの面会日、母は果物を持ってきてくれました。私のために食事まで用意してくれていたのです。ずいぶん久しぶりに母の手料理を食べて、気分がとても良くなりました。面会室には絨毯が敷いてありました。ギスーはおもちゃを持ってきており、一緒に遊ぶことができました。本物の家庭のような雰囲気に心が和みました。ギスーは母親が自分とは別の場所に住んでいることを理解したようで、自分に言い聞かせるように何度もそう言っていました。

お別れのときになると娘は泣き、私もひどく落ち込みました。一緒におばあちゃんの家に行こう、と片言で必死に訴えられたときには、どう答えて良いのか分からず焦りました。「バイバイ」と娘が叫ぶたびに、気が変になりそうでした。娘に別れを告げながら、駆け寄って靴紐を結んであげたくなりましたが、同席していた尋問官に許してもらえず、そのまま立ち去らなければなりませんでした。独房に戻った後も体にギスーの香りが残っていて、切なくなりました。

――独房の雰囲気はどうでしたか？

2A棟に連れて行かれたとき、そこにはセックスワーカーの女性たちがたくさん収容されていて、ときどき彼女らと同室になることもありました。最初の10日間、テレビはありませんでしたが、あとで与えられました。本や新聞も最初のうちはありませんでしたが、2ヵ月半後に、友人たちが家族を通じて送ってくれる本を受け取ることができるようになりました。友人やレベッカ――義理の妹――が本を送ってくれるということに、胸が熱くなりました。

新聞については、当初読むことはできませんでした。2A棟に人がほとんどいなくなってから、私はホマ（ホマ・ホードファー、ムスリム女性とベールについて研究しているイラン系カナダ人の学者）の独房に行き、そこで新聞をたくさん見つけました。それからしばらくして、毎日新聞を持ってきてもらえるようになりました。私たちに見せてはまずい重要なニュースが載っていないものに限定されてはいましたが。

――2A棟の食事はどんな感じでしたか？

ラマダン［イスラム教の断食月ラマダンは、日の出から断食をし、日没後にご馳走を食べる習慣がある］のときだけは良い食べ物が出ましたが、それ以外はひどいものでした。数ヵ月間、私は買い物ができず、与えられるものを食べるしかありませんでした。囚人のなかには、買い物リストを作って取り寄せている人もいました。たとえば、ビスケットとか、デーツ、ミルクなどです。しかし私は最初の5ヵ月間、買い物リストを作ることを許されていませんでした。よく食べていたのはパンとタヒーニ［ゴマのペースト］です。空腹のあまり「神さま！　私を閉じ込めたのなら、せめて美味しい食べ物をください！」と大声でお願いしたこともあります。

お腹が空きすぎて涙が出ました。看守たちの食事は私たちとは違っていて、ちゃんとしたものでした。私はハンガーストライキをすることにしました。水と牛乳以外、口にしないことに決めました。一度だけ、デーツと全粒粉ビスケットを食べました。私があまりに弱ったので、6日目に家族が呼ばれました。母はショックを受け、その場で失神しました。ギスーも動揺し、抱きとめた私の腕のなかで心臓が早鐘を打ち、「おばあちゃん、ばったん」と繰り返しています。

看守が私たちを面会室から追い出しました。私にはすぐにスープのお椀を持ってきて、「このスープを飲み終えるまで、ここから出さないぞ」と言いました。私は従いませんでした。しかし両親はどうしても食べてくれと懇願します。母がまた失神してしまうかもしれないので、食べるしかありませんでした。尋問官は私がストライキをしないで済むように、食事を改善すると約束しました。

その頃、アファリン（アファリン・ネイサリ、イラン系アメリカ人の建築家。彼女と夫は2年間、裁判もないままエヴィーン刑務所に拘禁され、2018年に釈放された）と私だけが2A棟の最後の囚人でした。尋問官はアファリンと私を同室にすることを承知して、翌朝、彼女が私の房に連れて来られました。食事も運ばれてきました。私たちの食べ物はその後、わずかながら良いものになったのです。

――医療はどうでしたか？

医療は全く受けられませんでした。私の右手はもう長いこと感覚がなく、首も常に痛みました。左にも右にも回すことができないのです。とにかく極度に疲労していました。疲労のあまり、数分歩くだけで動けなくなりました。激しい動悸がするのです。吐き気もひどかったので、よく吐き気止めをもらいましたが、それ以外は何の処置もしてもらえませんでした。ウイルス性の何かだろうから、よく眠って煮沸した水を飲みなさいと言われました。

――鉄分とビタミンD不足はどうなりましたか？

刑務所の医務室にいる医師が薬を処方しました。髪がたくさん抜けました。家族に薬を差し入れてもらいたいとお願いしましたが、尋問官たちは許しませんでした。彼らはＺｉｎｃ［亜鉛サプリ］の錠剤を自分たちで持ってきて、私に渡しました。

――どれくらいの期間、自分の姿を鏡で見なかったですか？　自分の姿を鏡で見たとき、どう思いましたか？

ケルマンの独房にいた45日間、鏡を全く見ませんでした。一般房に移されて、初めて自分の姿を見ました。とても悲しくなって、打ちのめされたことを覚えています。２Ａ棟には鏡がひとつもなかったので、自分がどんな見た目になっているのか全く分かりませんでした。

５ヵ月後、同室のひとりが眉毛を整えたいからと鏡を借りました。そのとき私も自分の姿を見たのです。自分がどんな風になったのか、どう変わったのかが分からなくて歯がゆい気がしました。以前の自分の顔を思い出せないので、どれほど変わったのか、変わっていないのか、分からない。不思議な感覚です。それ以外に、もどかしくてたまらなかったことがあります。

9ヵ月の間、私はお茶をプラスチック容器で飲んでいました。食べるときもフォークはなく、プラスチックのスプーンだけを使っていました。プラスチックのカトラリーで食事をすると本当に気が滅入ります。

――少しは眠れるようになりましたか？

全然ダメでした。私は眠りませんでした。眠れたとしても、まるで休まりません。眠れる場所などありませんでした。軍用毛布を頭の下に枕代わりに置いて、体の下にも1枚敷いて、もう1枚は体の上にかけました。

――独房では何を着ていましたか？

着いてすぐに私服は2A棟に没収され、だぶだぶのナイロン製のピンク色をしたコートとズボンを着させられました。独房を出たいときにはチャドルを被り、マスクをして、目隠しされました。

――2A棟の尋問はどんな雰囲気でしたか？

テヘランでは、英語の分かる、少しならしゃべることもできる若い男性が尋問官でした。彼は私がデーツとネスカフェを大好きなことを知っていて、ときどき食べ物をくれました。全体的に、テヘランの尋問官はケルマンより優しかったです。しかし一度、ある尋問官がおかしな方向に話を持っていこうとしました。ポルノ・サイトについて、あるいはリチャードのことなど、私の容疑とはまるで関係ない内容を質問してくるのです。答えるのは不快でした。

私は暗い部屋で尋問されることが多かったです。座ると、目の前にミラーガラスが置かれます。尋問官はガラスの向こうに座ります。尋問官のいる側には窓があり、そこからテラスに出てタバコを吸うこともできるようでした。姿は見えませんでしたが、声が聞こえてきました。私の側にはオフィス用の椅子と机がありました。

――そういう雰囲気の尋問は嫌でしたか?

見えない相手に向かって話すというのは、あまり良い気持ちはしませんが、実は尋問官の顔を見ないで済むおかげで安心していたのかもしれません。ケルマンでは尋問官の顔を見るのがつらかったです。

そういう状況の尋問だったので、尋問官のほうをとにかく見ないようにしていました。尋問官を見ると心がかき乱されるのです。うまく説明できない感情です。テヘランでは、年配の尋問官は私がリチャードに電話をするのを許してくれませんでしたが、若いほうは許してくれました。ところがそのうち彼は不適切なことや、関係ない質問をしてくるようになったのです。最初は彼がネスカフェなど私の欲しいものをくれたので味方なんだと思っていたのに。

――2A棟の独房について、どう思いますか？

ギスーに会いたくてたまらず、落ち込みましたが、テヘランに移送されてから以前より気分が良くなったのも事実です。ときどきリチャードと30分くらい話せるようになりましたし、ギスーにも会えるようになりました。しかし娘に会うと寂しさがいっそう募ります。尋問官はギスーをとても可愛がっていて、抱こうとすることもありました。面会の最中に尋問官があの子を抱きしめたとき、私は娘を男の腕から取り返して、そいつをひっぱたいてやりたかったです。

ひたすら忍耐の日々……言葉で表現することなど不可能だと思います。何度も気分の浮き沈みがありました。誕生日が近づいて、外気に当たりに外に出たとき、私は歩きながら神に訴えました。「神様、私を解放してください、神様、許してください」というように。考えが自分の心と関係なく浮かんでは消えていきます。自分が自分でなくなってしまったようでした。何かを必死にやっているけれど、失敗すると分かっている、そんな気分です。よく大声で祈りました。自分が釈放されないことは分かっていましたが、これ以上拘禁が長引きませんようにと祈っていたのです。

ある日、アファリンが荷物をまとめて出て行けと言われました。私の心臓はドキドキ高鳴り始めました。ひとりになるのはつらすぎることでした。その夜から、看守はときどきドアを開けっぱなしにするようになりました。彼らも私の孤独を知っていたのでしょう。自分たち用の食事を持って来ることもありました。夜遅く、看守のひとりがそばに来て何時間も話をすることがありました。彼らは私を哀れんでいるのだと思いました。それでも1日の終わりには、そんな彼らがいても、私は再びひとりになってしまうのです。

マフバシュ・シャリアリ

マフバシュ・シャリアリ（1952年、イスファハン州アルデスタン郡ザバレ地区生まれ）は2008年3月5日にマシュハドで逮捕され、20年の禁固刑を科された。2017年9月18日、刑法134条（複数の刑で有罪となった人物は、最も重い罪状に科された刑期だけ服せば良い）の申請が認められ、釈放された。

マフバシュは10歳のとき、家族とともにテヘランに移り住んだ。高校卒業後、大学で教育学を学びながら、国立学校で教壇に立った。のちに教育省で働き始め、学校の教師として、また貧しい地区やテヘラン南部の学校では学校長として職務を果たした。

1979年の革命と1980~83年の文化革命ののち、マフバシュは政府が「血迷ったバハーイー教」と呼ぶ宗教を信じていたため、教育省を追放された。その後、いかなる政府系の機関にも雇用されることはなかった。のみならず、彼女は大学で勉強を続けることも禁止され、一時期は家に閉じこもっていた。その頃、彼女の夫も仕事と財産を政府に没収された。

のちにマフバシュはイラン国内のバハーイー教のコミュニティで教育に携わるようになり、「バハーイー大学」［オンライン大学」を共同設立した。これは、大学進学を禁止されているイランのバハーイー教徒の若者の苦境を、ある程度救済するために作られたものだった。

２００６年、彼女は暫定のヤラン［ペルシャ語で友という意味］委員会メンバーに選ばれ、他の６人の代表メンバーとともにイランのバハーイー教コミュニティに関わる運動をしていた。マフバシュは逮捕されるまで、この組織の委員長だった。

――初めての独房体験はいつでしたか？

２００５年の５月25日、娘の結婚式が開かれる日の朝のことです。朝の６時に６人の諜報員が私たちの家になだれ込んできました。家宅捜索は５〜６時間続いたでしょうか。本や私の書いた原稿、それに私たちの信仰の証拠になりそうなものなら何でもかき集めていました。それから私は逮捕され、エヴィーン刑務所の２０９棟に連れて行かれ、34日間独房にいました。

――その間に判決は下されましたか？

いいえ、仮釈放になりました。

――逮捕のあとも「バハーイー大学」の仕事を続けましたか？

ええ、もちろんです。ヤラン委員会のメンバーである限り、仕事を続けました。

——そして2度目の逮捕でも、独房に入れられましたか？

はい、2008年3月5日、私は電話を受けて、ラザヴィ・コラサン州の諜報局で事情聴取があると言われ、マシュハドに行きました。そこで、マシュハド革命裁判所に行くよう言われました。ところが着いた途端、見知らぬ当局の人間に逮捕され、目隠しをされてどこかに連れて行かれました。慌ただしい尋問のあと、夜の間に革命裁判所に連れて行かれ、些細な件で立件されました。同じ裁判所の罪状認否で、裁判官が保釈金1000万トマン（1トマンは10リアル。1000万トマンは2360ドルほど。のちにトマンはイランの共通貨幣となり、現在の1トマンは1万リアル）を出せば直ちに釈放すると言いましたが、その後3ヵ月、裁判所は家族に保釈金のことを教えようとせず、私が電話で伝えることさえ許されませんでした。

私はおよそ3ヵ月間のつらい拘禁と、長く執拗な尋問に耐えました。私が拘禁されたのは、ヴァキラバド刑務所の隔離棟にある「サグドゥニ」（犬のいる場所、という意味だが、必ずしも犬小屋を指すわけではなく、囚人を侮辱するための呼び名）と呼ばれる独房と、一般房でした。一般房は他のメインのエリアから離れた場所にあり、そこに収容されている囚人は外部との交流を禁じられています。私は刑務所内で罪を犯した囚人としてそこに入れられました。長引く独房拘禁と厳しい尋問、家族と連絡を取れないこと、絶えず同胞と家族に対する脅しを受け続けること、これらすべてが私の健康を蝕みました。呼吸困難、動悸、不眠、不安障害になりました。209棟なら通常許されていた、家族との面会や電話をかける権利が取り上げられ、いっそうつらい状況になりました。心をくじく作戦のひとつだったのでしょう、私は他の囚人たちと手と足を繋がれた状態でゾロゾロと革命裁判所に連行されるということを、2度経験しました。警察官が私たちを、特に私を乱暴に扱うので、さらにひどい目に遭いました。一方、尋問は初日を除いて、容疑に関する内容ではなくなっていきました。こんな状況で私は違法に拘禁期間を引き延ばされていたのです。

――この独房拘禁で最もつらかったことは何ですか？

悪辣な尋問です。いかなる規則にも規定にも沿わない、私のごく個人的なことや一般的な社会問題について、とりとめのない質問をされました。そして自分の家族がいる町から遠く離れてホームシックになってしまったこともつらかったです。完全にひとりでした。同じ棟に女性囚人はいませんでした。女性看守もいなかったので、宗教的な祝日には、ヴァキラバド刑務所内の隔離された別の場所に連れて行かれることがありました。この種の孤独はあまりに苦しかったので、「サグドゥニ」のほうが一般房よりマシだと思いました。あそこなら自分が女性房にいて、他の女性囚人が近くにいることを感じられたからです。

――マシュハドで初めての夜、どうすごしましたか？

法的な手続きに時間がかかり、革命裁判所からヴァキラバド刑務所に着いたときには真夜中でした。私が入れられたのは隔離棟でした。

――そこはどんな場所でしたか？

なんて無情で恐ろしい体験だったことか。あんな場所を予想もしていなかったですし、何も知らなかったので想像を超えていました。小さな部屋に3段ベッドがあり、2人の囚人と弁護士がいました。

この部屋を通り過ぎて、大部屋に連れて行かれました。3段ベッドが10列ほど並んでいたでしょうか、どのベッドも埋まっていて、たくさんの人が床で寝ていました。私は絶食していましたし、とにかく疲れていて寒かったです。誰も私に毛布などをくれるつもりはなさそうでした。どこで眠れるのか、どうしたら良いのか、誰も教えてくれません。

私は入り口に立って震えていました。ベッドから私に好奇の目を向けてくる人もいましたが、私は突っ立ったまま、どうしようかと考えていました。床に、ひどく汚れた毛布を被って寝ている女性がいました。私は音をたてないように横に座りました。足が寒さでかじかんでいたので、その女性の毛布の下にそっと爪先を潜り込ませました。女性はそれに気づくと、毛布をさっとどけました。結局、私はその夜一睡もしないで、震えながら朝が来るのを待っていました。

私が呼ばれたのはかなり早朝だったと思います。また同じ2人の当局の人間が来ました。ふたりと一緒に警察署に行き、彼らはそこで武器を装着しました。警察署から出て車に乗るときに目隠しされたので、走っていた時間が長く感じられました。結局私は以前と同じ房に入れられ、そこからすぐに尋問に連れて行かれました。私を尋問に連れ出すのはいつも同じ年配の男性でした。尋問は夜まで続き、その夜のうちに一般房の隔離棟に移送されました。移動時間がとても長かったので、ひどくお腹が空きましたが、何も食べさせてもらえませんでした。

――「サグドゥニ」というのは、どこにありますか？ どんな場所でしたか？

ヴァキラバド刑務所の中です。刑務所内のトイレとシャワー室の下のほうに、とても小さな格子柄のガラスがはめ込まれたドアがあります。そのドアを開けると狭い廊下に繋がっていて、独房が2～3室並んでいます。私はその1室に連れて行かれました。非常に狭く、不衛生で、異臭がしていました。自然光は入ってこず、隅には覆いのないイラン式トイレがあって、中で甲虫が動いていたり、死骸で転がったりしていました。部屋の天井は低く、隅のほうが崩れていました。看守が鎖の鍵を外して私を中に入れようとしたとき、所内の従業員なのか、女の子たちが走ってきて看守の後ろから言いました。「囚人さん、何か必要なものはありますか？」

2人の女の子が私の隣の部屋から黒い絨毯を引っ張ってきてくれました。誰かが絨毯の上に古い雑誌を放り投げました。女の子たちは2枚の汚い毛布と、煮沸した水のペットボトル、お茶の粉末をくれました。それに角砂糖を私の手に握らせたのです。

私は唖然としてしまって、反応できませんでした。一体何日ここにいることになるのだろう、生きて出られるのだろうか、と考えました。

とにかく空腹で疲れ切っていました。空気が足りなくて吸えないような感じです。トイレの悪臭、尋問による疲労と不安、どこに連れて行かれるのか分からない長い移動、そういったものすべてに、心と体を押しつぶされそうでした。看守と女の子たちがいなくなってから、座って温まり、それからお茶を飲もうと思いました。角砂糖をいくつか口に入れたところで、隣の房からうめき声と叫び声が聞こえてきました。女性がすぐ隣にいたのです。同じような状況にいる人間の存在に気づいたのでしょう、彼女は泣いていました。泣きながら呪っていました。私に「あんたの持っているものを、何でもいいからおくれ。痛み止めでも、タバコでも」と言いました。私はすぐに返事をして彼女を落ちつかせようとしました。小窓の外では、優しい女の子たちが立って「ねえ、独房の人！　朝になったら何を持ってきてほしい？」と叫んでいました。「本と雑誌を」と私は答えました。「何でもいいから！」

この独房では本を読む明かりはないし、呼吸できる空気もないのだと、その時は知らなかったのです。

最初は汚いトイレの横で、不衛生な絨毯に寝て、異臭のする毛布をかけて眠るなど不可能だと思っていました。しかし刺すような寒さと極度の疲労で、私は現実に適応するしかないと悟り、絨毯の上に座りました。ボトルに入ったお茶を少し飲みました。温まって少し落ちついたので、バハオラ［バハーイー教の教祖。19世紀に自ら預言者であると宣言した］がテヘランで獄中生活を送っていたときのことに思いを馳せ、力が湧いてきたような感じがしました。私がいまいるのは、バハオラがその昔、泥のなかで鎖に繋がれていた牢獄と同じ場所なんだ、という気がしたのです。まるで歴史で読んだバハオラの物語が目の前で起きて、私を鼓舞し、勇気を与えているようでした。私は慎重に毛布を被り、冷たくなってしまったペットボトルを横に置き、臭いトイレに背を向けて眠りました。このとき、彼らはこのような仕打ちで私を貶め、屈服させようとしているのだとはっきりと分かりました。しかし自分はそんなことにはならない、これは精神的な修行なんだと言い聞かせました。ニーチェの「私を殺さないものは私をいっそう強くする」という言葉を思い出していました。

家に帰るときには強くなっていようと決心しました。翌朝早く、鍵とチェーンのガチャガチャいう音とともにドアが開き、法的手続きと、長めの移動の末に役人の手に引き渡され、再び尋問室の椅子に座らされました。

――尋問について話してください。

尋問は朝から夜まで続きました。長く、念入りでした。しかし私は容疑に関係のある事柄だけに答えるようにしていました。関係のない質問には一言も答えないか、中途半端に答えたり、意味不明な返事をしたりしました。目隠しをされることに文句を言いました。すると椅子に何時間も放置され、彼らはどこかに行ってしまいました。巻かれていた目隠しは、とても分厚くて幅の広いものだったので、自分の足もとさえ見えませんでした。例の年配の男に「転ばないように」と言われ続けていました。

——他のタイプの独房を経験しましたか？

はい。諜報局のサグドゥニのあと、比較的大きい部屋に移されました。部屋の隅に、毛布がマットレス代わりに敷かれていました。それとは別に、クリーム色の毛布が床に置いてありました。ドアで仕切られた向こうにはトイレがあり、シャワーがついていました。そのせいでやっぱり独房には耐え難い悪臭が漂っていました。最初に私がしたことは、ドアと壁を洗うことでした。残念ながら強い悪臭は消えませんでしたが。天井のすぐ下の壁に小さな窓があり、室内を薄暗く照らしていました。

背の届くところに窓はなく、独房のなかはとても暗かったのですが、夜明けになると小鳥のさえずりが聞こえて嬉しくなりました。その声は私にとって生命の証でした。最初の3日間、移動させられる時間帯のせいで昼食も夕食も食べられませんでした。ある夜、やっとの思いで隔離房の最後のベッドにたどり着くと、干からびたパンがひと切れ、天井の配管のそばに置いてありました。私はあまりに空腹だったのでパンを手に、一瞬まじまじと見つめましたが、横になって食べました。少しだけ気分が良くなりました。それは寒い夜のことで、体の震えが止まりませんでした。ついに、重たい絨毯の端を自分にかけることを思い立って、引っ張り上げようとしました。そのとき、寒いのは自分の頭のすぐ横から冷たい風が吹いてくるからだと気づきました。天井下の小窓です。どうにもなりませんでした。凍え死ぬかと思いました。

――独房にいるのはどんな感じでしたか？

独房は単に窮屈で、暗い、生命のない空間だというだけではありません。この期間、囚人へのプレッシャーはどんどん強くなっていきます。重苦しく厳しい尋問、脅し、侮辱、家族や友人へ危険が及ぶのではないかという心配、家族の近況を知ることができないこと、自分や家族や同胞の身に何が起きるのか分からないこと、それらが一気にのしかかってくるのです。ひとつひとつの質問の答えが、運命を決するかもしれません。また尋問官は常にホラを吹き、悪態をつき、大声を出し、嘘をつきます。囚人を弱らせて従順にさせるための方法です。

独房拘禁が長引くと、身体的、精神的ダメージは深刻です。孤立は人の感覚を鈍らせ、心のバランスを狂わせます。先の見通しを立てることができなくなります。これは、思考回路が支離滅裂で途切れがちになることと、光や色、音、いい匂い、触覚、ただ普通の視線を浴びる、といった感覚が遮断されることと関係があります。そしてひどい食習慣のせいで眠れなくなり、不眠症や体重減少を招きます。私は最初の数ヵ月で20キロ痩せました。

――あなたが脅されたネタは何でしたか?

もっともつらかったのは、週に2回マシュハドまで面会に来ている息子の身に危険が迫っているかもしれない、道中事故に遭うかもしれないと尋問官に言われたときでした。あるいは、夫がマシュハドに来ることはないだろう、なぜなら来て捕まったら背教の罪で即刻死刑だろうから、と言われたときです。「お前は生きてこの場所から出られない」と尋問官はいつも言っていました。そんな脅しが多かったです。

もちろん私はそれを信じてしまいました。私の容疑はそれまでとは全く別で、起訴内容では死刑を求刑されていました。単なる脅しではなくなったのです。尋問官はまた、ヤラン委員会のメンバーのタヴァコリ氏もここの独房に拘禁されていると言いました。結局嘘だったのですが。「お前の気の毒な亭主は入院したぞ」とも言われました。「持病でもあるのかね? あんたが死に目に会えないなんてことにならないと良いが」。私は主人の身に何か良くないことが起きたのだとすっかり信じました。自分では家族や同僚の状況を知るすべがなかったので、こういうことには本当に苦しめられました。

――食事はどうでしたか？

それほどひどくはなかったはずですが、私は別の理由で、ほとんど食べられませんでした。独房にいると、配膳車のタイヤの音が聞こえてきます。私は立ち上がり、ドアの下方の開口ハッチから、でこぼこのアルミのボウルによそわれた食事を受け取ります。いつもの年配の男性が突き出してくるのです。ティーカップは赤いプラスチック製で年季が入っており、お茶にもプラスチックの味がしました。こういう非人間的な扱いに腹が立って仕方ありませんでした。それでほとんど口をつけませんでした。だからひどく痩せたのです。具合が悪くなったのは、震えが止まらなかったせいだと思います。夜になると汗をかいてしまうので、毛布を替え、毎晩シャワーを浴びました。できるだけ着替えて服を洗いました。そして床に広げたチャドルの上で乾かしました。

――外気に触れることはありましたか？

ほんの一瞬でした。尋問官の気まぐれで外に数分連れ出されることがありました。たった3歩先に行くだけでしたが、それでも独房ほど臭くなくて、落ち込んだ気分を忘れることができました。

――女性看守がいなかったそうですね。困りませんでしたか？

もちろん困りました。独房が外からしか開かないので、安全だとは思えませんでした。一度など、年配の男がいきなりドアを開けたので、私は飛び上がり、文句を言いました。独房にいる間、若い女の子、刑務所の従業員らしい子が慌てて独房に入ってきては出ていくということがありました。年配の女性が来て、独房のドアの外に寄りかかって、廊下で寝ていたこともありました。彼女は引退した看守だそうで、夜間、私の面倒を見るように言われて来たそうです。彼女は神のためだけに来た、と言いました。最初の頃、私は断食していたので、そのことを彼女にも伝えました。彼女は優しい人でした。尋問の最中、イフタール（断食を破る最初の食事）の時間になると、私にお茶を持ってきてくれました。尋問官は最初の日は何も言いませんでしたが、2日目、文句を言いました。「これは何だ？」と彼は聞きます。「この女性は断食しているんですよ」と彼女は答えます。「イフタールの時間ですよね」。尋問官はなおも反論しようとしましたが、その女性は「私は神のためにここに来ています。あなたのためではありません」と言いました。

私の体調は最悪でした。尋問官を誰も信用できませんでした。こうなった理由のひとつに、マシュハドで全然眠れなかったということがあると思います。また、ホームシックも理由のひとつでしょう。マシュハドでは、家族から、家から、自分の町から、あまりにも遠くはなれていると感じていました。

――独房でたったひとりのとき、何をしていましたか？

トイレ掃除、絨毯掃除、シャワーを浴びる、などです。長い間、祈りを捧げ、神に懇願していました。部屋のなかを何度も歩き回り、声を出して覚えている詩や文章を暗唱しました。考え事のスケジュールを組んだことを覚えています。たとえば、尋問のときのことを思い出し、内容の分析まですることもありました。家と家族のことはしょっちゅう思い出していました。同僚や友人、その他大勢のことを。不安になるようなことを考えると収拾がつかなくなるので、そうならないようにしました。

ほんの少しの間でも看守と話をすることは、私には安定剤でした。誰か話しかける人がどうしても必要だったのです。あるときなど、これは授業をするようなものだと自分に言い聞かせました。自分は自制心についての講義をしているんだと。頭を活性化させておくために、そう思うことにしました。

――独房のせいで引き起こされた様々な症状について教えてください。

人間は社会的な生き物です。つまり、話す動物です。社会に参加することは、人間として自然な欲求です。私が困ったのは次のようなことでした。閉鎖的な場所への恐怖、抑圧されている同胞の運命を危険にさらしているという恐怖、家族と友人が危険に巻き込まれることへの恐怖、私がきっかけで同胞が次々と迫害され、攻撃されるかもしれないという恐怖、拘禁期間が延びた恐怖、体が弱り体重が減り続けること、不眠症、質の悪い眠りなどです。尋問官の態度や言われたこと、それに対する自分の答えを思い出して新しい作戦を立てることもしました。ここでいま一度強調しておきたいのは、無音で得体の知れない環境で生きる苦しみは、どれほど時間が経とうとも全く軽減されないということです。確かに慣れますが、その環境があたたかく感じられることはありません。そんなシステムのなかで囚人に残されているのは、自らの死か、愛する同胞の死だけです。これらすべての要因が、人の魂と体に無残な傷を残します。

——マシュハドの諜報機関の独房と比べて、一般房はどうでしたか？

マシュハドの一般房でも私は自由だったわけではなく、やはり独房に入れられていました。それでもこちらのほうがましで、早く移送されたいと願っていました。初めてのときは人殺しや泥棒、その他の犯罪者と一緒になって驚きましたが、慣れてくると別に怖くなりました。彼女らはとても同情的で、私が着いたとき、あたたかく迎え入れ、調子はどうかと聞いてきました。そこがどういう場所なのか教えてくれて、慰めてくれたのです。私がいる間、みんな行儀良く、不適切な行動はしませんでした。以前ならこういう人たちと一緒になるとは想像もしていなかったし、ましてや会うことを心待ちにするようになるとは、思いもしなかったでしょう。しかしいまや私は彼女たちに会いたくてたまりませんでした。

――尋問が終わったのはいつですか？

テヘランに移送される1日か2日前まで尋問は続いていました。

――マシュハドでの拘禁はどのように終わりましたか？

82日後、ふたりの諜報員とともに、やっとテヘランに移送されました。着くとすぐに革命裁判所に連れて行かれ、そこで裁判官に新しい罪状を言い渡され、拘禁が15日間延びました。今回の罪状は、私がヤラン委員会の委員長であったことでした。この後、拘禁は10年に及びました。

――テヘランへの移動は？

ある朝、ついにそのときが来ました。電話があって、エヴィーン刑務所に移送されることになったというのです。彼らは私の財布のお金で航空券を買ったそうです。テヘランへはふたりの諜報員が同行しました。テヘランに着くと、またふたりの諜報員が待っていて、その人たちに引き渡されました。私のファイルが入っているらしい2通の封筒も一緒でした。

――テヘランではどんな気分でしたか？

幸せで羽が生えて飛んでいきそうでした。釈放されて家に帰ってきたような気分だったのです。嬉しさがこみあげて、革命裁判所に向かう間、そしてそこから刑務所に行くまでの道中、落ち着いた雰囲気の若い運転手にずっと話しかけていました。

後部座席の私の隣には男性が座っていて、すごい速さで何かを書いていました。私の言っていることを書いているのだろうか、なぜ録音していないのだろう、と思いました。もしかすると、していたのかもしれませんが。

――どこに連れて行かれましたか？

エヴィーン刑務所209棟です。

――そこでは何がありましたか？

通常の事務手続きのあと、215号室に入れられました。第2通路にある一番小さな部屋です。こんなに小さい空間で息を吸って生きることなどできないだろうと思いました。独房にはほとんど明かりがありません。屋根の下に通気口がありますが、その手前に大きな、やかましいエアコンが設置されていました。小さなスチール製の洗面台と、使われていないスチール製のトイレもありました。

――それでもテヘランにいられて嬉しかったですか？

こうなると、そうでもありませんでした。何があったと思います？　廊下を歩いているとき、目隠しの下から、第一通路の独房のドアの前に茶色い靴を見かけたのです。見覚えのある靴でした。ファリバ（ファリバ・カマラバディはヤラン委員会の一員で、２００８年に他のメンバーとともに逮捕され、９年半拘禁された。彼女の父親もイラン政府に迫害された）の靴でした。これではっきりと分かりました。囚人への酷い扱いの理由や、テヘランの革命裁判所の裁判官がなぜ私に同僚の近況を聞きたがったのか。ショックでしたが、本当にそうなのか確かめようと思いました。そこでトイレに行きたいと訴え、また第一通路の前を通って、靴を見ました。間違いありません、彼女の靴でした。ファリバもここに連れて来られていたのです。ということは、他の同僚たちも逮捕されたに違いありません。すべてが終わってしまった、政府はこの機に私たちの組織を叩きつぶすだろうと覚悟しました。

――それからどうなりましたか？

尋問は、到着した日、5月28日から始まりました。今回の罪状は、私がヤラン委員会の委員長であるという内容で、しかもここはテヘランなので、他の質問にも答えなければなりませんでした。

――彼らはマシュハドで散々尋問したうえ、それ以上何を聞きたがったのですか？　本当にまだ引き出したいことがあったのでしょうか？

そんなものはありませんでした。209棟に着いて最初の一連の尋問では、細部まで作り込まれた真っ赤な嘘を聞かされました。彼らは勝手に作り上げた容疑を証明したがっていました。つまり、私を有罪にするために、何でも良いから理由を探せというわけです。しかも単なる有罪ではなく、死刑にできる理由を探していました。たとえば、私たちの委員会が外国政府とつながりがあった、などです。尋問官たちは「万国正義院」〔イスラエルのハイファに本拠地を置く、バハーイー教の最高管理機関〕とのやり取りのコピーを見せてきました。万国正義院は世界のバハーイー教徒を統轄する機関ですが、どこかの国の政府が関わっているということはありません。しかし尋問官はこれを証拠に、私たちの組織が外国と協力していたと自白させようとしました。

――それらの容疑を認めましたか？

もちろん認めませんでした。私たちはいかなる政府ともやり取りをしたことはなく、確かに「万国正義院」とはコンタクトがありましたが、これは「バハーイー世界本部」の一機関で、内容もイランのバハーイー教の問題についてだけでした。「世界」と名前がついているからといって、外国政府とは関係ないのです。それなのに彼らは、私たちが「世界本部」とやり取りした手紙をもとに、自分たちの望む情報を捏造したのです。

――209棟にはどれくらいの期間、拘禁されていましたか？

2年と3ヵ月です。独房には全部で7ヵ月です。

――独房は、マシュハドと209棟ではどう違いましたか？

209棟の独房のほうがもちろん良かったです。家族を近くに感じられましたし、同僚たちもそこにいると分かっていましたから。幾千となく疑問が湧いてきましたが、答えはありません。もはや組織の責任を問われているのは私だけではないようなのです。尋問の質も変わりました。侮辱に満ち、横柄な尋問が再び始まりましたが、少なくとも棟の独房に戻れば、まわりにはたくさんの味方がいました。

――家族への電話や面会は許可されていましたか？

ときどき、尋問官のいる前でなら、短い電話ができました。独房拘禁が終わってからは、家族との面会日が15日ごとに設けられました。尋問官も同席しましたが、しばらくは定期的に会えるようになりました。

――独房拘禁はあなたの体と心にどのような影響を与えましたか？

私はまだ刑務所にいて医師の診断を受けていないので、答えるのは時期尚早かもしれません。マシュハドでは息切れと動悸がひどかったです。２０９棟では、体重が減り続けました。骨粗鬆症《こつそしょうしょう》が進み、不安のせいで脂質異常症になりました。他の人はどうか分かりませんが、記憶障害にも苦しんでいます。

３つの期間にわたる尋問が終わって、尋問の内容を思い返そうと、ファリバに関わる出来事を思い出そうとしたときのことです。つながりを思い出せなくなっていて、記憶もまだ戻ってきていないことに気がつきました。動けなかったせいで、当然のように鬱や燃え尽き症候群になりました。毎日、朝と夕方に3時間ほど運動をしていたのですが、それでも普通の生活を送っていたとは言えません。独房には明かりが足りません。移動の自由が足りません。果物と野菜が足りませんし、食べ物が全くないということさえあるのです。食事は栄養面でも、量的にも貧しいものでした。ちゃんとしたベッドがない環境で、軍用毛布と絨毯の上で何年も寝ているので、床ずれになりますし、骨盤の関節が傷んですり減ります。背中も固まって、疲労感が抜けません。さらには、必要不可欠なコミュニケーションや定期的に意見を交わす機会を奪われることは、特に私のように教育畑で何年も教え、学びを続けてきた人間にとって、心と感情に深刻なダメージを与えます。こういう事柄については詩で克明に表現しました。

――他に感情的、心理的なダメージを負いましたか？

もちろんです。夫と子どもたち、高齢なのにいつも面会に来る父、姉、何年も遠くから面会に来て不安と向き合っている弟、そんな家族と離れていることは耐えがたいです。最初のうちはこの孤立の程度が分かっていなかったのですが、不幸にも、何年もあとになって、これがもたらす影響の大きさに気づきました。時間の流れから隔絶し、社会から隔絶し、自然な生活のサイクルを奪われ、誰にも手の届かない片隅に放置される、これが独房拘禁の定義なのです。

――いつ、そしてどのように、心身のダメージに気づきましたか？

テヘランでほぼ7ヵ月ぶりに家族と面会したとき、不思議な感覚になりました。家族に会えるぞと言われたとき、私は固まってしまい、心がぴくりとも動きませんでした。他人事と言ったほうが良いでしょうか。何も感じませんでした。私は弁護士の面会場所、のちに罪状が読み上げられる場所に連れて行かれました。そこには尋問官もいて、大きい窓のそばに座っていました。窓は刑務所内の木が生えているエリアに向かって開いていました。私も座って外を眺めました。私はチャドルを着て、ものすごく大きな男性用のゴムサンダルを履いていました。期待や嬉しさといった感情はありません。頭のなかは真っ白で、何の感情も湧かず、ただじっと静止していました。背の高い木と、緑の草、こちらに延びている細い小径を見ていました。すると、数人の男女がその小径を歩いて来ました。私は彼らを見つめました。尋問官が私の反応を観察しています。彼らが近づいてくると、まず可愛い娘、ネガールに気づきました。娘はみんなの前を走るようにして、建物に近づいてきます。それから愛しい息子、フォルードがいました。あの子は3ヵ月の間、マシュハドまで12回も来てくれたのです。そして夫もいました。

自分のなかに、感情や考えをせき止めようとするバリアのようなものがありました。どんな感情も湧き上がっては抑えつけられます。心も頭も反応しませんでした。ついに彼らがやって来ました。私は息子を抱きしめ、耳元に口を寄せてささやきました。「お前、マシュハドの裁判官を信じてはダメ。ここに来るまでの間に、お前が〝事故〟に遭うかもしれないなんて言ったのよ」

「ママ、マシュハドはもう終わったよ」と息子は言います。「マシュハドとはもう何も関係ないんだ、僕もマシュハドには行かないよ」

時間制限があるとは知りませんでした。夫と娘が待っていることも。思い出せる限り、私は何も話しませんでした。ただ家族に触れたかった、触れられたかった、そして彼らの匂いを、私の魂の奥深くまで、残りの人生ずっと吸い込んでいたかったのです。あとで自問しました。自分は一体どうしてしまったのか、どうしてこんな状態になってしまったのかと。

それからもうひとつ、悲しい体験をしました。何ヵ月かのち、具合が悪くなって209棟の外にあるエヴィーン刑務所の中央医務室に連れて行かれることになりました。別の棟に行くには、エレベーターを使わなければなりません。私と女性房の責任者の女性がエレベーターに乗りました。唐突に、エレベーターの鏡に映っている知らない人物に目が留まりました。

私はその人を見つめ、誰なんだろうと思いました。このエレベーターに看守と自分以外の人間がいるのだろうかと首をかしげました。そして見回すと、やっぱり中には私たちしかいません。ということは、あの、黄色い、痩せ細った、貧相な、白髪の、眉毛がぼうぼうの人物は、私なの？　その場で吐き気がしました。あれが自分の姿だなんて。


――ほぼ10年が経とうとしている現在、思い返して、刑務所をどう思いますか？

ふたつの相反する感情があります。抑圧と残酷な仕打ちで肉体は疲労していますが、精神は全人類に対する愛と揺るぎない信念で輝いています。また、家族や友人から離れている寂しさと、刑務所内で得がたい友を得て、この苦しみを耐えたからこそ唯一無二の経験をした、という喜びがあります。刑務所では社会から遮断された孤独と寂しさがある一方で、困難でも意義深い人生を集団で味わっているという連帯感があります。刑務所での経験は長く、特別で、他にはないものです、苦しみと搾取と孤独にすっぽり包まれているものです。それは、不条理な重荷を背負い、過酷で剝き出しの非人間性を耐え忍ぶ時間です。

刑務所の生活は人間としてのすべての自然な欲求を全否定されることから始まりますが、同時に、詩、思索、心と魂の本質といったものにつながる新たな扉も開かれます。真実は究極的なものであるという信仰を、まさに体感しているのです。つまり、「ハク・アル・ヤキン（クルアーンの一節にある「絶対の真実」）」に到達するための、精神的な修行と言えるでしょう。刑務所の生活を終えるとき、堅固で誇り高い信仰の高みに達したのなら、その人はのちも安定した栄光ある人生を送るでしょう。

この10年、私を支えて弁護してくれたすべての人に感謝しています。親愛なるイラン国民のみなさん、私の弁護をすることによって大きな代償を払うことになった弁護士のみなさん、すべての組織、グループ、そして人権擁護団体、特にペン・インターナショナル［マフバシュ・シャリアリは2017年に英国ペンクラブ主催「勇気ある国際作家賞」を受賞］に感謝します。

ヘンガメ・シャヒディ

ヘンガメ・シャヒディ（１９７５年生まれ）はジャーナリスト、記者であり、女性の権利活動家である。

何度かの逮捕歴があり、最初の逮捕は大統領選挙にまつわる一連の出来事のあとで、拘禁は２００９年の７月から11月まで続いた。２０１０年３月、「国を脅かす意図を持って集会、共謀した」「国の代表を侮辱した」という罪で６年の禁固刑を科された。そして再び２０１６年の７月と２０１７年３月に逮捕され、同年９月に釈放された。２０１８年６月、再び逮捕され、同年12月、革命裁判所第15支部のサラバティ裁判官により、12年の禁固刑を言い渡された。また、２年間はいかなる政治組織にも参加できず、オンラインメディアでの活動も許されていない。

ヘンガメの娘、パルミスは母親との面会のため、エヴィーン刑務所の２４１棟に何度も足を運び、つらい思いをしている。ヘンガメは独房拘禁を４回経験している。


——独房での体験について教えてください。

初めて逮捕されたのは、2009年7月30日だった。逮捕後、事務手続き、法的手続きを全部済ませ、夜の10時に209棟に入れられた。そこで殴られ、痛めつけられ、棟内の医務室に運ばれる羽目になった。女性の看守たちが苦労して、やっとのことで私を地下の独房から引きずり出したが、彼女らは私の体がどういう状態か、まるで注意を払わなかった。

逮捕前、私は心臓の病気を抱えており、殴られたせいで不安障害に苦しむようになった。医務室に連れて行かれたあと、私はそこのベッドで4時間から5時間ほど放置された。

体は悲惨な状態だった。

――諜報治安省の役人にそんな扱いを受けると思っていましたか？

役人は、私がMI6［イギリスの諜報機関］に協力したと自白させようとした。私にイギリス留学経験があったからだ。そのときにMI6と接触して手先になったに違いないと言う。また、ハタミ師（イラン・イスラム共和国第5代大統領サイード・モハマド・ハタミ）とカルービ師（シーア派聖職者、国民信頼党の党首、メフディ・カルービ。2011年より自宅軟禁）と不適切な関係を持ったと告白するよう迫られた。信じがたいことだ。

私は医務室から独房に移された。209棟の責任者が会いに来たので、私は彼に、それまで起きたことを伝えた。すると彼は、尋問官の要求に肯定的な反応をするな、と言う。ひょっとするとこの人物は、他の人と違い、改革派に近い立場なのかと思った。

彼の一言のおかげで、私はその後の尋問と殴打に立ち向かう勇気が持てたのかもしれない。嘘の自白はしないと決めた。カルービ師の選挙アドバイザーとして集会に参加したり、ニュースのウェブサイトでインタビューをしたりしたことは、もちろん犯罪ではないのだから。

――独房の状態はどうでしたか？

独房は1・2メートル×2メートルほどで、金属製の洗面台とトイレがあった。そこに75日間拘禁された。その後、もっと大きい独房に移された。そこには洗面台しかなかったので、トイレやシャワーは毎回独房を出ないといけなかった。

――大きめの独房に移ってどんな感じでしたか？　シャワーはどれくらいの頻度で許可されましたか？

トイレに行きたいときは、独房内にあるボタンを押す。シャワーと外気に当たるのは2日に1回、外で15分だけ新鮮な空気を吸うことができた。

――尋問はどうでしたか？

尋問を初めて経験したのは２００９年。当時拘禁されていた人間は、みんな厳しい尋問を受けた。私も例外ではない。特に私には離婚歴があったため、性的に何か問題があると思われがちだった。さきほどのふたり、カルービ師とハタミ師以外にも、尋問官は自白を引き出せない人物たちの名前を挙げ、私と関連づけようとした。自白をしなかった人物たちと私が性的関係を持った、と何としても言わせようとしたのだ。

これは私の立場を非常に厄介なものにした。しかし私は己の人道主義に従い、この尋問に耐え抜き、他の人を厳しい状況に追い込むような真似はしまい、そう誓った。

――尋問はいつ、どこでおこなわれましたか？

初めての尋問は収監の事務手続きが済むとすぐに始まった。場所は２０９棟の地下室。のちに２４１棟に移った。夜も昼も、その小さな部屋で尋問された。

ある晩、眠っていたところを女性の看守に起こされた。朝の3時頃だったと思う。私はこうなることを予想していた。死刑になると日常的に脅されていたので、いよいよ自分は死刑になるんだと覚悟した。

ロープのある部屋に連れて行かれ、自分がＭＩ６のスパイである、そしてハタミとカルービと不適切な関係を持った、と告白しないのなら、死刑にすると言われた。

これは「はったり」だったが、私は恐怖で失神した。目が覚めると、朝のアザーンは終わっていた。私は尋問官たちを呪って、怒りと恐怖を吐き出した。自分がどこにいるのかも分からなかった。見たこともない場所。後にも先にも、あそこに連れて行かれたのは、あの1回限りだった。

――尋問の最中、尋問官の振る舞いはどのようなものでしたか?

不運なことに、2009年当時の尋問は、入省したてで経験不足の、昇進に燃えた若手らが担当していた。彼らは私だけでなく、もっと長期間収容されている大物政治犯にも割り振られていた。私は自分の尋問官を「インターン(見習い)」と呼んだ。彼には自分の意志というものがなかった。

釈放されたあと、尋問チームの責任者が誰だったのかが分かった。40日間、家族と全く連絡が取れなかった末にやっと電話ができることになり、廊下を歩いていたときに目隠しの下から見た。扉の近くに立っていたその男の声に、聞き覚えがあった。初日に聞いた、イスファハン訛りの男だ。尋問にもときどき現れた。

とはいえ私の尋問の大部分はインターンがおこなった。もうひとりの尋問官は、諜報治安省の防諜チーム[敵のスパイ活動を取り締まる]の人物で、このふたりに25日間尋問された。尋問は朝の5時から夜の10時まで続く。メインの尋問官はアミール・ホセイン・アスガリという名で、仲間内では「マフダヴィ」と呼ばれていた。この男はひどい態度で、卑猥で下品な言葉を使う。一方、インターンのほうは「良い警官」の役割で、私にきちんと質問をしてきた。

しばらくして、「ドクター」と呼ばれる人物が尋問に加わったことがあった。この人物は、私に恋をしてしまったという演技をしていた。あるとき、ドクターは241棟の尋問室に私を呼び出したものの、尋問をしないことがあった。代わりに、その隣の部屋で同室のミズ・Fを尋問した。

ドクターは彼女をしつこく性的に侮辱した。お前の胸はいくらするんだ、と5000トマン紙幣を彼女の胸に置いたりするのだ。私たちは、もしドクターがこのような行為を繰り返すなら、彼女が吐きそうな振りをして、隣の私に助けを求める作戦を練った。私と彼女以外に女性はおらず、まわりは男性だけだったから。

ある日、ドクターは私の独房に来て「愛してる」と書いた紙を見せてきた。そして唐突に私の頭を撫でたのだ。あなたは「マフラム［家族や血縁関係の親族］」ではないのだから私の頭に触れる権利はない［イスラムでは頭は神聖なものとされており、男女が接しない文化であるためかなり不謹慎な行為となる］、と抗議したが、彼は私のチャドルや目隠しが、私の頭と彼の手の間のバリアになっているから問題ない、というような屁理屈を言った。

釈放されるとき、彼はエヴィーン刑務所の前に車を停めてこちらを見ていた。私にプロポーズして、もし結婚するなら私の訴訟に片をつけても良いとも言ってきた。

——その「ドクター」はあなたの釈放後、連絡を取ってきましたか？

一度電話をしてきて、スーツケースに入れている私の裁判資料を返したいと言うので、会った。「結婚について考えが変わったか？」と聞かれた。

私は「自分に科された刑に喜んで服す。あなたには二度と会いたくない」と答えた。

——２００９年、あなたは４ヵ月半独房に拘禁され、その後仮釈放されましたが、再び逮捕されましたね。何があったのですか？ どこに連れて行かれましたか？

２０１０年3月27日、治安部隊から電話があり、諜報治安省のビルに呼び出された。簡単なQ＆Aに答えてもらうと言われていたが、いきなり逮捕された。

今回の逮捕の理由は、私がヤラス・ニュースのウェブサイトに、エヴィーン刑務所の尋問責任者の名前と顔写真を載せたことだった。この情報は、２００８年に諜報治安省を解雇された職員を通じて得たもので、私は尋問責任者の顔と名前を一致させることができたのだ。

逮捕の前日、高等裁判所で私の刑は確定していた。刑の確定後に被告を再び独房に拘禁するのは違法で、本来なら一般房に入れるべきだ。しかし判決が下ったにもかかわらず、私は重警備刑務所に送られ、２ヵ月独房で拘禁されたのだ。

私は刑を言い渡された。それなのに、独房に２ヵ月拘禁された。

――尋問官は同じ人でしたか？

今回は別の尋問官だった。その男は、今回は前回ほど甘くはない、お前は髪の毛が歯のように白くなるまでここから出られない、と私を脅した。彼はやりづらかっただろう。私が前回の尋問の細かな内容を、尋問官の名前まで出して公表していたから。

――アミール・ホセイン・アスガリ、通称「マフダヴィ」というのは何者だったのでしょう？

彼は核交渉チームのジャリリ（サイード・ジャリリ、２００７〜２０１３年にイラン国家安全保障最高評議会の書記、また核交渉チームの責任者）のアドバイザーになった。ジャリリの後ろに立っている写真もある。

――今回の房はどんな様子でしたか？

今回同房になったのは、ラジオ・ファルダ事件（ラジオ・フリー・ヨーロッパの支部であるラジオ局、ラジオ・ファルダが反政府的と判断され、パーソナリティのひとり、パルナズ・アジマが２００７年にイランからの出国を８ヵ月間禁止された）の被告のひとりだった。私たちは１週間ほど一緒だった。

その後、彼女が釈放され、私はひとり残された。最初は狭い房に入れられていたが、3週間後、大きめの独房に移された。その月が終わるまでそこにいた。

――それまで2回の逮捕のなかで、ハンガーストライキをしましたか？

最初の拘禁中、もう自由にはなれないと絶望してハンガーストライキをした。8日間続けた後に、革命裁判所のピール・アバシ裁判官のもとに連行された。そのときはかなり衰弱して意識も朦朧としていた。

私の状態があまりにひどいので、医療措置を受けた。裁判官は私の健康状態を見て、仮釈放するからストライキをやめるように言った。私は人身保護令状［違法な拘束を受けている疑いのある者の身柄を裁判所に提出させる令状］を出してくれるまではやめない、と答えた。彼らが本当にそうしたのを見届け、ストライキを終えた。その夜のうちに釈放された。

――3度目の経験について教えてください。どのように逮捕されましたか？　理由は何でしたか？

2017年3月10日、マシュハドで逮捕されたのが3度目だった。私は祖母の葬儀に参列していた。逮捕後、一晩は諜報治安省の収容施設に入れられた。翌朝、検事局に移送され、罪状を言い渡されたあと、重警備飛行機に乗せられテヘランに移動し、エヴィーン刑務所の209棟に入れられた。

ノウルーズ［イラン、イラク、アゼルバイジャンなど、イスラム教シーア派が主流の国で春分の日］が近かったため、翌日すぐ、検察官のビズハン・ガセムザデとともに文化メディア裁判所第2支部に連れて行かれた。私がアマドニュース（かつてルホラー・ザムによって運営されていたメッセージアプリTelegramのチャンネル。ザム氏はイラクで誘拐されてイランに連行され、拷問の末に自白を強要され、2020年12月12日に、明確な罪状のないまま処刑された）と関係したという容疑が読み上げられ、再び209棟の独房に戻された。すぐに尋問が始まった。

——そのときの尋問官はどうでしたか？

今回の尋問官はあまりにも失礼で、まともな会話が成り立たなかった。すぐに激しい口論になってしまう。そんな尋問の最中、彼が席を立つとき皮肉たっぷりに、「お前にはゲゼル・ヘサール刑務所（カラジにあるイラン最大の刑務所で、2万人を収容している。劣悪な環境で有名）がお似合いだ」と言ったことがある。すぐさま私は、「あなたの居場所はテヘラン動物園がぴったりだ」と言い返した。彼が囚人にしているひどい仕打ちを見れば、そう言いたくもなる。このような口論が続いたあと、諜報治安省はこの方法で尋問を続けるのは無駄だと悟ったようで、作戦を変えた。

次に担当になったのは、またもや「ドクター」と呼ばれる人物で、この人物の振る舞いは丁寧だった。尋問を重ねるうち、彼は私の無罪に気づいたようだ。容疑を裏づける証拠は何もないのだから。

尋問が終わると、検察官と検事代理であるアミール・ゴトビ、この人は文化メディア裁判所長でもあるのだが、このふたりの命令により、私は2017年4月10日に諜報治安省の209棟から241棟に移送された。

――241棟の独房の状況について教えてください。

241棟の独房は209棟とは違った。シャワーとトイレが半壁で仕切られていた。部屋の大きさは2・5メートル四方くらい。360度回る監視カメラが天井にあり、独房の様子をすべて見渡していた。そのカメラ、つまり職員の目の前でトイレやシャワーをせざるをえない状況だったのだ。これは精神的な拷問のひとつと言えるだろう。

――そのときの拘禁でもハンガーストライキをしましたか？

逮捕の瞬間から、私は家族にハンガーストライキを宣言していた。最初の110日間、何も食べなかった。当局に救急医療を学んだ経験のある人物がいて、私を定期的に診察していた。

私の腎臓は深刻なダメージを受けていた。ふたつとも病気に感染し、血中に毒素が回っていたのだ。強い抗生物質を飲まなければならなかった。6ヵ月の間、水すら飲まない日も何日かあり、非常に危ない状態だった。失神して241棟の医務室に連れて行かれた。意識が戻ると血清を注射された。命がけだった。

――なぜハンガーストライキを続けようとしたのですか？

私の負わされた抑圧と不当な仕打ちに、声を上げたかった。私の有罪を示す書類が1枚でもあれば、文句は言わない。しかし何の証拠もないまま、6ヵ月間も独房に拘禁されたのだ。ハンガーストライキは抑圧に対する怒りの表現だった。

彼らの反応を見て胸のすく思いがした。ハンガーストライキで司法機関にプレッシャーをかけることが、復讐のように思えた。ウェット・ハンガーストライキ［食べ物だけを絶つ］からドライ・ハンガーストライキ［水分と食べ物の一切を絶つ］に変えたとき、目の前に本当に死が見えた。しかし、私はハンガーストライキで死ぬなら本望だと思っていた。自分を残酷に拘禁している者たちへ復讐できるのだから、と。

――独房で時間をつぶすために、本を読んだり他に何かしたりする機会はありましたか？

本しかなかった。他人とコミュニケーションを取ったり、新聞やテレビから世の中の出来事を知ることは禁じられていたし、ペンと紙ももらえなかった。

――家族との電話や面会は許可されていましたか？

家族とは２週間おきに面会できた。会えない週の間に１回電話ができた。

――何を着させられましたか？

２００９年のときは囚人服。２０１６年のときもそうだった。２０９棟の囚人服は白地に灰色の縞模様だった。２４１棟では明るい青地に濃い色の横縞が入っていた。どちらも男性用だったが、女性の囚人も同じものを着させられていた。

――２４１棟の衛生状態はどうでしたか？

２４１棟に比べると、２０９棟はトイレが外にある分、ずっとマシだった。２４１棟ではシャワーとトイレが独房内にあるので、湿気が不快でたまらなかった。病気の原因にもなる。換気する装置もなく、湿気と悪臭がひどかった。週に一度、洗剤などがもらえたが、それではとても足りなかった。

——外気に当たることはできましたか？

毎日20分は許されていた。

——そのときはどこに行きましたか？

２０９棟の「中庭」とは、三角屋根の下にある屋内のこと。20歩ずつ前後左右に歩けるくらいのスペースで、植物はなく、床も壁もコンクリートで、無機質だった。しかし２４１棟の中庭は刑務所で唯一美しい場所だと言えた。もとは果樹の植えられていた庭だったようだ。もちろん囚人が歩き回れる場所とは鉄の柵で仕切られているが、それでも見える。前庭には公園にあるような健康器具が置かれ、カラフルなその色が囚人の心の慰めになっていた。

――再び独房に入れられたのはいつでしたか？

2018年6月、キシュ［ペルシャ湾に浮かぶ温暖な島］で逮捕された。私は心臓病を治療して退院したばかりだった。逮捕後、重警備飛行機でテヘランに移送され、241棟に引き渡された。11ヵ月間拘禁されたが、ずっと独房で、テレビもラジオもないなか、たったひとりだった。この期間は一度の尋問もなかった。

――それまでの経験が役に立ちましたか？

それまでと同じ独房に入れられたので、また同じ経験をした。2・5メートル四方でシャワーとトイレが備えつけの部屋。白い電球が24時間消えることなく点いていて、それも拷問の一種なのだろうと思った。

――長い独房拘禁の間、何を感じていましたか？　また最初の頃と最後の方では、感情に変化はありましたか？

最初の7ヵ月間は電話も面会も禁じられた。7ヵ月後、サラバティ裁判官の許可が出て、電話と面会が2週間おきにできるようになった。最初の数ヵ月は個人的、社会的、すべてのつながりを絶たれ、家族がどうなっているのか知る方法もなく、半狂乱になった。

検察が私の2億トマン（4万7493ドル）の保釈金を取り消し、私を仮拘束すると言ったときには、30日間ハンガーストライキをした。家族との電話や面会の権利を奪われたことも、もうひとつの理由だった。憤怒に駆られていた。

私を起訴したのは司法府のサデー・ラリジャニーだったので、241棟にいた期間は何度も、「ラリジャニーに死を！」と叫んだ。時間をつぶすものは何もなかった。テレビは許されず本だけ読めたので、ずっと読んでいた。全部読み終わってしまうと、棟の責任者――アリ・マレキ――が他の囚人の書棚から本を借りてきた。

本がないとひどく不安になったが、何かしら読むものさえあれば、落ち着いていられた。1日に平均800ページほど読んだと思う。それでなんとか日々をやり過ごすことができた。

毎朝7時に起き、朝食を食べ、夜9時に夕食を食べ、真夜中に眠りにつく。精神面でいくつか病気を抱えていたので、睡眠薬なしでは絶対に眠れなかった。飲まなければ2時間も眠れなかったと思う。また、線維筋痛症にも苦しんだ。症状が悪化すると抗炎症薬を飲み、何とか死なない程度まで抑えなくてはならなかった。拘禁前は飲まなくて済んでいた薬だ。

――心臓の病気に関して、医師や薬を手配してもらうことはできましたか？

病気のせいで、私には常に医師やその他多くの分野の専門家の診断が必要だった。警備担当の人たちが医師の往診や必要な薬の手配をした。

――長い独房拘禁で、肉体的、精神的にどのような影響がありましたか？

最初の数日、数ヵ月間は、尋問もされず房にひとり放置されたので、自分が自分でないような混乱状態だった。誰かと話をしたくて尋問を心待ちにしていた。もちろん刑務所長の許可が必要だが、日中なら看守は私と15分の会話が許されていた。私が精神に異常をきたさないために。

しかし、しばらく経つと独房の日課に慣れてくる。前回の経験から、日中、読書の間に2時間の運動をした。独房のなかを歩き回ったり、長い時間をかけてストレッチをしたりした。時には独房のなかで1日に7キロ歩くこともあった。計算方法はこうだ。100粒のビーズがついている数珠があるとして、1往復で1ビーズとカウントする。独房の往復は約5メートル、数珠を1周すると500メートル、14周すれば7キロ。14周を数える際には、デーツの種を使った。

少しずつ、私は独房に、そして刑務所にいることにすら慣れていった。馴染みの看守の姿が見えなければ、まるで家族の誰かを心配するように、何かあったのかと聞く。

241棟の女性看守の振る舞いは、209棟の看守とは全く違っていた。見た目や服装まで違う。年齢は23歳から45歳くらいで、小綺麗でおしゃれな服を着ている。それに対し209棟の看守は40歳以上で政府の規定どおりの服か、制服を着ている。241棟の女性看守のなかには、棟内を政府の規定にそぐわない格好で歩いている人もいて、私はすっかり嬉しくなった。

――独房のなかは何色でしたか？

どの独房のなかもクリーム色だった。241棟はエヴィーン刑務所のなかではマシな建物のひとつだ。241棟ではほとんどの場合、目隠しはされない。209棟ではトイレに行くときや外気に当たりに行くときまで目隠しをされるが、241棟にはそんな決まりがなかった。おかげで目が楽だった。

241棟と209棟を比べると、209棟はかなり古く、広かったと思う。全体的に209棟は241棟より灰色のイメージ。私は241棟で2回拘禁され、その間に棟の責任者が2度、私に会いに来た。

――家族に会うことはどれくらい大切でしたか？　どんな影響がありましたか？

私の生命線だった。7ヵ月ぶりに家族に会えた。

逮捕前、私は自宅を引き払って大家に返した。追われて逮捕されると分かっていたので、町から町に移動していた。そんな状況で家族とほぼ1年も離ればなれになっていた。自分の携帯電話番号すらなく、実家を訪れたお客の携帯アプリを通じて、家族と連絡を取っていた。

拘禁から7ヵ月後、家族に会えるぞと言われたとき、裁判官が電話や面会の禁止措置を取り下げたとは信じられなかった。騙されていて、ＩＲＧＣに引き渡されるのだろうと思った。家族に本当に会えるまでは安心できなかったので、生身で会えることが何物にも代えがたいと実感した。

――独房拘禁の体験をまとめると、どのような感じですか？

独房は拷問のための場所だ。

囚人がどのような人間であれ、たたきのめされる。従順でなければ、拷問は2倍になる。たとえば２０９棟では、独房拘禁に加えて殴打があり、卑猥な言葉、ハンガーストライキの苦しみがあった。これだけのことを経験したのに、さらにまた拘禁されて残酷な仕打ちを受け、再びハンガーストライキをした。外部とコンタクトを取ったり、面会したりすることを禁じられ、独房での時間がいっそう耐えがたくなった。

昼も夜も白い電球がずっと点いていて、目が痛くなり、睡眠も阻害される。これもまた拷問だ。下品な言葉を投げつけられ、性的に侮辱されたとき、ひたすら我慢したが、本当に許せなかった。

もうすぐ処刑されるＩＳＩＳの男が、私の近くの独房で哀歌を絶唱したときには、震え上がった。独房の裏の部屋で、女性が性的に嫌がらせをされている声を聞いたこともある。このふたつの声が、私の独房拘禁で経験した最悪の記憶だ。

レハネ・タバタバイ

レハネ・タバタバイはジャーナリスト、政治活動家、イラン参加戦線（改革派の政党）の支持者である。

2016年1月12日より1年間、エヴィーン刑務所の女性房に収監されていた。1年の禁固刑に加え、政治政党や組織への参加と、オンラインを含むメディアでの活動を2年間禁じられた。彼女への訴訟はIRGCによって起こされ、容疑は2014年の選挙時に国民青年本部の一員であったことと、シャフレコルド［イラン西部の町］で開かれた改革派の若者集会に参加したというもの、そしてサイード・ジャリリとモハマド・バゲル・ガリバフ（2005年から2017年までのテヘラン市長）をフェイスブックで侮辱したというものだった。

レハネはそれまで3回逮捕され、エヴィーン刑務所の女性房に入れられた経験がある。初回は2010年、2回目は2013年の冬で、当時はイランのジャーナリストの多くが拘束され、ついには裁判所が「上訴禁止令」を出すに至った。3度目の逮捕は2014年6月20日で、反体制的なプロパガンダをした罪で6ヵ月間拘禁された。この容疑は2010年にIRGCに逮捕されたときのものと関係があった。

連れて行かれたのは、エヴィーン刑務所の2A棟だ。独房の大きさは普通の部屋と同じくらいで、なかを歩くことができた。天井には2つの窓がついていたけれど、空は見えなかった。室内の照明は3つあり、昼間は1つ、夜は3つ点いていた。トイレは室内にあり、ドアで仕切られていた。

暖房はなく、通気口から熱い空気が流れ込んできたものの、耳障りな音がするので消してほしかった。部屋には4~5枚の軍用毛布があり、絨毯が敷かれた床は清潔だった。囚人が何か頼み事をするときと、看守が朝昼晩の食事を持ってくるとき以外、ドアが開くことはない。お茶は朝と夕方の2回出され、毎日2回、朝と夕方に20分ずつ外気に当たるために連れ出された。当初、その棟にいるのは私だけで、あたりは静まりかえり、完全な孤独に包まれていた。「この部屋で自分に何かあっても、看守のいるところから遠いから誰も何も気づかないだろう」と思った。そのせいで、この先なにが起きるのかと、いっそう怖くなった。

私たちの囚人服はピンクのコートとズボンで、洗って交互に着られるよう2セット与えられていた。食事はサローラ・キャンプ（テヘランを掌握する目的で1995年に創設されたIRGCの基地）から運ばれてくるもので、美味しかった。1日おきに果物も食べられた。尋問は毎日あり、とにかく疲れて、独房に戻ると気絶したように眠ってしまった。尋問は昼近くに始まって、日没まで続く。いつもの習慣で新年の断食をしていたので、尋問はイフタールまでだった。尋問はタスア、アシュラ、それに金曜日［多くの職場が休みになる集団礼拝日］まであった。ときには尋問が夜の11時か12時まで続くこともあり、一度などは朝の2時か3時までということさえあった。

初めて収容所に足を踏み入れたとき、ひたすら眠かったのを覚えている。朝の7時まで起きていたのだから。逮捕され、事務手続きが済み、独房に入れられたのですぐに寝た。床には死んだ甲虫が転がっていた。看守が殺虫剤をまきっぱなしにしたのだろう。私服を取り上げられ、囚人服に着替えた。それから少しして、尋問のために呼ばれた。尋問室に行くときは、目隠しをしてチャドルを着なければならなかった。前庭を突っ切って尋問室に連れて行かれ、そこで壁に向かって座らされた。

私は言われたとおり、渡された用紙の空欄を埋めた。尋問官は、囚人のことは何でも知っている、これからも従順に振る舞え、と言った。思わず笑い出しそうになった。この男は、私という人間の何を知っているというのだろう？　しかし彼は私についてしゃべり始めた。行きつけのカフェ、色々な場所で交わした会話の内容、そんなことまで知っていたのだ。さらに、家族の「内輪の話」も知っていると言う。我が家の冠婚葬祭について得々と話し、私のすべてを知っていると言い張った。

彼らは私のメールアドレスとパスワードを知っていた。「お前がペンを取って、言われたとおり紙に書かなければ、6～7ヵ月の禁固刑になる」と言われた。

独房にはクルアーンがあった。隅には甲虫の死骸があり、頼んだら片付けてもらえた。翌日、別のチームが私の尋問に当たった。前日のチームは、「自分たちの尋問で平気だったとは言うな」と言っていた。「次の日のチームが怒るから」と。

たった2日の尋問で、私の罪状は決まった。尋問官がそんな必要はないと反対したが、手錠をされて検事局のオフィスに連れて行かれ、罪状を言い渡された。最初の2週間は電話をする許可がもらえず、その後、電話を渡され、36日の間、3回電話ができた。面会は叶わなかった。

尋問は2A棟の一角で行われた。部屋のなかに尋問官が入ってくることはなく、ミラーガラス越しに質問してきた。尋問室ではタバコを吸えたが、独房と中庭は禁煙だった。

私はグリーン・ムーブメントに強く賛同していたので、2009年の活動が原因で逮捕されることはほぼ避けられないと覚悟していた。逮捕の前年から白い拷問についての噂をよく耳にしていたので、みんなの体験談を活かして自分を強く持とう、心の尊厳を守るためにも負けないぞ、と誓った。

次の尋問は、私の活動についてだった。「ファクロサダト・モタシャミプール（イラン参加戦線の女性部門代表）とタジザデ氏（サイード・モスタファ・タジザデは2009年から2016年までエヴィーン刑務所に拘禁されていた。イラン参加戦線のメンバーで改革派）のことを悪く言え」と命令された。「知り合いの外国人や外国のジャーナリストについて話せ」とも言われた。

私のノートパソコンの中身を見ることができた彼らは、最初のうちは容疑の範囲を超えて強気に色々と質問してきた。しかし私は答えなかった。政治とは全く関係のない、家族や友人に関することも聞かれたが、一貫して反応しなかったので、彼らも無関係な事柄をそれ以上掘り下げることはできないようだった。

アシュラの日、彼らは「質問にしっかり答えていない」「嘘をついている」などと怒鳴りだし、脅してきた。こうなると私もやむを得ず作戦変更だ。しかし他の人を巻き添えにするような自白は絶対にしなかった。

というわけで私は意気揚々と何枚もの自白用紙に、自分の行動の責任をすべて負うと書いた。「私はカルメ（イランのオンラインニュースサイト。改革派のグリーン・ムーブメントと提携している）のために働いていた、なぜなら人々はこの国で何が起きているのか知る権利があるのだから」と。こうも書いた。「グリーン・ムーブメントの運動と、捕らえられているグリーン・ムーブメントの活動家を支持する」と。私が1億トマン（2万3612ドル）の保釈金を払って独房から出たのは、それから36日後だった。

●2013年2月3日　2度目の逮捕
――諜報治安省管轄のエヴィーン刑務所209棟の体験

2013年の2月、新聞社の取材のために外出している時、同僚から電話があった。「帰社するな、当局が君と他の同僚を逮捕しようとしている」という。そこで夜の10時くらいまで外にいたが、結局、家に帰ることにした。もし彼らが本気で逮捕する気なら、とっくにそうしているだろうと思ったからだ。

帰宅し、その日に14~15人のジャーナリストが逮捕されたことを知った。数日後、バーマン［イラン暦の11番目の月、グレゴリオ暦の2月にあたる］の12日目のことだ。朝の10時頃、父が部屋に入ってきて、表に車が2台停まっていると言った。私は窓を開けて声をかけ、家に招き入れようとした。「麻薬取締警官だ」と彼らは名乗り、私の隣人の逮捕に来たのだと言う。我が家の真ん前に駐車しておいて、なんて白々しい！「小芝居はやめて」と言ってやった。彼らは家宅捜索し、私を逮捕した。

２０９棟に連れて行かれ、独房に入れられた。ひと目見るなり、部屋のあまりの不衛生さにげんなりした。小さな洗面台があるだけで、トイレはない。男性房だということが、まわりの声から分かった。尋問に連れて行かれたのはおそらく翌日だったと思う。その3日後に罪状を言い渡された。

２日後、別の独房に連れて行かれた。自分の状況で逮捕はあり得ないと思っていた。逮捕の数日前にＩＲＧＣの支部に行き、５時間ほど尋問を受けていたから、このうえ私を拘禁しておく意味はないはずだと思っていた。しかしその時も諜報治安省は、私を含めた数名を逮捕するつもりだと声明を発表していたのだ。

尋問されたのは一般通路にある尋問室で、独房と同じ階にあった。独房からの行き来には目隠しとチャドルが必須、尋問室では壁に向かって座らされた。尋問官は「明日も尋問するぞ」と言っておいて、5~6日間しないこともあり、そうなると独房でたったひとり待っていなくてはならず、最悪の気分になった。このやり方はＩＲＧＣとはまるで違う。彼らは尋問すると言えばその時間ぴったりに始める。それに２Ａ棟では尋問されている時間が長かったので、独房に長時間放置されることはなかった。今回、初めてこんな状況になったので、クルアーンと『マファティ・アル・ジナン』を読んだ。とても面白くて、ためになった。尋問官は「独房で時間をつぶしたいのなら、祈れ」と言った。囚人が閉ざされたドアの向こうでどんな苦しみを味わっているか、彼らは知っているのだそうだ。

２０９棟ではたまに尋問され、それ以外の時間はひたすら待っていた。ひと月で3回ほど、1回につき4～5時間、尋問された。

独房内にトイレがない２０９棟では、用を足すのが大変だった。夜間は電気をつけてはいけないので、真っ暗ななかを歩かなければならない。看守に大声でどやしつけられ、嫌な気分だった。よく断食し、ごく数日を除いて昼食はほぼ毎回抜いていた。夕食もまずかったのでほとんど食べられなかった。週に1回、果物がもらえたので、1週間かけて少しずつ食べた。

２０９棟ではすっかりみじめな気分になり、泣いていた。母が恋しかった。ホームシック、逃げ出したい衝動、独房から出たいという気持ち、そういうものが重くのしかかっていた。テレビもラジオもなかったので、1日をやり過ごすのは至難の業だった。鬱症状になることもあった。逮捕された数日後、「バハール」紙（改革派の新聞）をもらえたことがあった。自分と他のジャーナリストの逮捕記事が載っていたので、食い入るように熟読した。この1回を除いては、彼らが読ませてくれる新聞は「エテラット」（イランで最も歴史あるペルシャ語の新聞、現在は政権の宣伝機関のようになっている）だけだった。

700ページもある『ダ』（セイーデ・ザハラ・ホセイニ著『母』。イラン・イラク戦争時の体験が綴られた回想録）を与えられたので、7回読んだ。最初の100ページを読み終えると、また最初に戻って読み直し、なるべく最後までたどり着かないようにしていた。『ダ』のあとも別の小説をリクエストしたが却下された。いま思うと、あの本も拷問のひとつだったのかもしれない。読んでいると戦争や殺し合い、独房での死といった場面がまざまざと目に浮かび、気持ちがいっそう張り詰め、心が折れそうになっていたから。

2A棟とは違い、209棟では週に1～2回電話ができた。夜は眠れなかったものの、病院には行きたくなかった。拘禁期間が終わる前、動悸が激しくなったが、医務室に医師がいないということで、夜になって病院に連れて行かれるまで待たされた。

2A棟の看守は209棟の看守より優しかった。209棟の看守は横柄で、囚人の要望を無視し、困ったことがあっても知らんぷりで、まるで囚人を苦しめる訓練を受けているようだった。209棟にいた間は家族と面会ができなかった。結局、逮捕されたジャーナリストは全部で17名になり、数週間後に209棟の一般房に移された仲間もいた。しかし私は最後まで独房に残された。最後の数日は一般房に移される予定だったのに、「ちょうどいい同房者が見つからないので、やっぱり無理だ」と告げられた。テレビも与えられず、看守からは「お前がテレビを見たら自殺したくなるだろうから」などと言われた。「外国の関係者やメディアが拘禁に反対しているから面倒で、そのせいでなかなか釈放できない」とも。

本当は有罪を立証する証拠がなかったからだと思う。いつもＢＢＣや外国メディアに対する恨みつらみを聞かされていた。

独房のなかではブラウスとズボンという服装で、尋問に行くときは、ヒジャブを着け、チャドルを被らなくてはいけない。２Ａ棟ではブラジャーを取り上げられなかったが、２０９棟では最初からブラの着用は禁止。２Ａ棟の壁に書いてある内容からは悲痛な叫びが聞こえてくるようだった。重い量刑を科された人が多かったからだ。一方、２０９棟の落書きのなかには、私の知っている人が書いたものもあった。ペンで書いてあるもの、壁を削って刻んであるもの。２Ａ棟のトイレの壁に、誰かが両親と住んでいる家の絵が描いてあった。見ていると、自分でもうまく言えない気持ちがこみ上げてきて、トイレに行くときはその絵を見るのを心待ちにしていた。

２０９棟の外気に触れる時間は、実際に外に出してもらえたのではない。連れて行かれたのは、ガラスの天窓がある中庭だ。独房のなかで、たくさん歩いて運動した。腹筋を鍛えた。色々な物を作って時間をつぶした。オレンジの皮でお祈り用の数珠を作ったり、時間が分かるような装置を作ったり。軍用毛布はあまりにゴワゴワで、礼拝用のチャドルをもらって初めて眠ることができるようになった。

シマ・キアニ

シマ・キアニはバハーイー教徒であり、1965年に生まれ、1970年よりシャフレ・レイ［テヘラン南東にある行政区］に住んでいる。

2017年3月9日、初めて治安部隊によって逮捕され、同年4月に2億トマン（4万7225ドル）で保釈された。

彼女はバハーイー教徒の統治機関である「Faith（フェイス）」の公務員グループの一員だった。シャフレ・レイの革命裁判所は彼女を「反体制的なプロパガンダをした」という罪で1年の禁固刑に処した。

シマはこう説明する。

「諜報員は私たちの活動にいつも目を光らせていました。1997年、私たちの家をいきなり家宅捜索して、当時フェイスの一員だった父を逮捕し、尋問したの。それ以降はいっそう厳しくなって。私自身もこの組織の一員だったから、何度となく別部署のメンバーと電話でコミュニティのことを話したりしていた。自分が逮捕されたあと、このことが重大な起訴内容のひとつになっていると知ったの」


あれは2017年3月9日の朝9時のこと。玄関の呼び鈴の音で目が覚めたと思ったら、7

人の男が捜索令状を掲げながら家に踏み込んできて、あたりを荒らし始めたの。年老いた私の両親も家にいたのだけど、突然のことにひどくうろたえていたわ。

男たちは家じゅうをひっくり返しながら、私たちを脅した。私が大人しく言うとおりにすれば、2〜3時間で帰って来られると、母に何度もそう説明してたわ。

家宅捜索のあと、私はシャフレ・レイの支所に連れて行かれ、尋問され、こってり脅され……とまあ洗礼を受けたわけよ。それから検事局に、さらにそこからエヴィーン刑務所に連行された。

自分は一般房に入れられるのだと思っていたの。刑務所に入れられるってどういうことなのか、ましてや独房についてなんて、何も知らなかった。エヴィーン刑務所に着いて事務的な手続きが済むと、家族に連絡を入れることができた。そのあと、3メートル×2メートルほどの部屋に連れて行かれ、変テコな服を渡されたの。ここにひとりで入れということか、と初めて気づいたのよ！　そこがエヴィーン刑務所のどこなのかまるで分からなかった。

2日後、尋問官が会いに来てこう言うの。2日間私を放っておいたのは、なぜこの場所に入れられたのか私に気づかせるためだって。それから尋問が始まった。10日間休みなく続いたわ。尋問官は物腰こそ柔らかいけれど、言っている内容は手厳しかったわよ。他の家族も逮捕する、お前を別の場所に移送して家族と会えなくさせてやる、とか、つまり脅しね。

独房にいる間、家族に2回か3回ほど電話をすることができたわ。なんと、家族は何度もエヴィーン刑務所に来たのに、そのたびに私はここにはいないと追い返されていたんですって。

私は10日間、ある部屋で尋問を受けたのだけど、彼らに言わせればそこは尋問室ではなく、会話のための場所だそうよ。家具もあって、大きめの部屋だった。尋問は目隠しをせず対面でおこなわれたわ。ただ話をしているだけ、ということらしいの。

だけど実際には脅しと恫喝の10日間よ。毎日、その日の尋問の終わりに、私の人間関係や過去の活動について質問され、尋問用紙を何枚も渡される。独房に戻って夜のうちに答えをそこに書き込め、ということなの。翌朝、彼らは私の書いたものをチェックして、こんなものを書けという意味ではない、と必ず言うんだから。そのまま怒りだして怒鳴って、尋問が終わってもお前は釈放されない、別の刑務所に移送されるか、いまいるこの独房で死んで腐っていくかだ、と脅かすの。

尋問と独房拘禁の間、何が一番やりづらかったかと言うと、気を紛らわせるものが何ひとつなかったことね。本や新聞はおろか、とにかく何もないの。そんな風に1日を過ごすしかなくて、すごくつらかった。

そういう時間を埋めようと、神に祈り、助けを求めた。眠れば時間の感覚を失うだろうと、眠ろうともした。私の独房は看守の事務所に近かったから、テレビのくぐもった音がよく聞こえてきたのね。暇つぶしに、その音を聞き分けて、内容が理解できないか試してみたの。そしたらずいぶん上達して、何と言っているのか分かるようになっちゃった。

だけどあの10日間の尋問は、独房拘禁のなかではマシなほうだったの。というのも、1日が予定で埋まったから。たいていは独房でたったひとり、何もすることもなく、退屈に過ごしていたので、尋問される方がまだ良かった。

そんなある日、私は目隠しをされてIRGCの女性看守に付き添われ、15分ほど離れた場所に連れて行かれたの。着くと、女性看守は帰されてしまった。その建物は、物音から想像するに、男性しかいないようだったわ。誰かが何の説明もなく、私を壁に押しつけた。そのまま30分ほど経ち、看守は私が怖がっていることを察したのか、「尋問官が遅れているだけだ、もうすぐ来る」と言ったわ。

1時間ほどのち、諜報治安省の男たちが来て、私をとても狭い部屋に連れて行った。男たちのなかには、今までの尋問官もいたわ。そこで、これまでの活動を後悔している、今後は諜報治安省に協力する、と書くように命令されたの。拒否すると、奴らは居丈高に脅してきたわ。友人、家族も逮捕するぞ、と。さあ、これで言うとおりにするか、と聞かれたけど、もちろん拒否よ。すると、すっかり状況が変わったと告げられた。「ここからが本番の尋問だ！」と言われたの。

「お前が自分で招いた事態だ。明日からお前は尋問の間、壁を向いていろ」

それで、そういうスタイルの尋問になったわけ。いつもと違う場所に連れて行ったのは私を怖がらせる作戦だったのね。要は、散々脅された末に独房に戻されたの。

次の日から壁向き尋問が始まり、ノウルーズの休暇まで続いたわ。3月20日、ノウルーズの前日に尋問はほぼ終わり、彼らの言う「自白」書類に署名をさせられた。

休暇の始まりは独房拘禁で最悪のひとときだったわ。時間が止まったまま、何もすることがないの。冷たい雨が続く毎日で。ほんのちょっとでも外の世界を見たければ、網がかけられている天井の小窓に目をこらすくらいしかできない。1日に3~4回、看守がドアを開けて、食べ物やお茶、薬を運んでくるのだけど、毎回その時をじりじりと待っていたわ。このちょっとしたパターンで、それが何時なのか分かるようになったの。朝食なら7時半から8時、昼食なら12時から12時半、夕食なら7時頃。耳をそばだてて、まわりの音を聞き、退屈を紛らわせようとしてたわ。

すっかり不眠症になって、日中1~2時間しか眠れなくなった。食欲もないし。だけどこのとき、私の精神は澄みわたっていた。時が経つにつれ、その状態がさらに崇高なものになり、長続きするようになっていったの。バハオラと神をこのときほど近くに感じたことはないわ。自分が修道院にいるような気持ちになり、これは私が思索し、祈り、そして自分自身とバハオラだけになるために、人生に与えられた機会なのだと考えるようになったの。

いままで経験したことのない辛苦の日々を、人生最良のものに変えたということは、素晴らしい感覚よ。自分の望むものは何でも叶うような気がするけれど、バハオラを満たす以外に望むものはなかった。言いようのない感覚よ。まるでバハオラが私を日常から連れ出して、彼とふたりきりになる非凡な機会をくれたような……口では言い表せないほど甘美な瞬間だったわ。自分にはできないことがないと思えるほど、全能感に打ち震えていたの。

ノウルーズ休暇の13日間、尋問はなかったわ。尋問以外に待ち遠しかったものといえば、2日に1度、外気に当たる20分間ね。看守と顔なじみになると、その時間を30分かそれ以上に延ばしてくれることもあってね。独房拘禁のなかでは、あれが一番楽しい時間だったかな。あの頃は雨が降っていることが多かった。中庭の頭上には透明の窓があって、そんななか私は声を出して祈りながら、涙を流して歩き回っていた。

独房に戻ると身も心も軽くなっているのよ。

だけど時が経つにつれ、不眠症がひどくなってしまった。まとまって眠れないので、数時間おきに数分うつらうつらする、という状態になったの。ほとんど何も食べていなかったし、腎臓の病気と脱水症状も進んでいた。

4月4日の朝9時、「階下に行け、尋問官が会いに来た」と身支度するように言われたの。尋問室に入ると、尋問官が私の顔を見てショックを受けたのが分かったわ。ひとりがやっと口を開いて、「27日間の独房拘禁が効いたようだな」と言った。

「どうしてまだ閉じ込められているんですか?」と聞いたわ。「具合が悪いんです。両親も私がいないと困るんです」

彼らの答えは、尋問が終わらない限り刑務所から出ることはできない、というものだったのね。私は不安と水分不足のせいで血圧が危険なほど高くなって、刑務所内の医務室に運ばれたわ。

私が釈放を強く望んでいることを感じ取ったのか、尋問官は釘を刺してきた。釈放はそう簡単なものではない、自分のしたことを自白して、その様子を撮影しなければならない、と言うのよ。また、釈放されたあとも尋問は続くとも言ったわ。実際そうなったんだけど。私は釈放後も何度か町の支所に呼び出され、一連の尋問と脅しを受け、彼らの言う「おひらき」になるまでその調子だったのよ。

釈放されたいなら自白動画を撮るしかないと言われ、かなり抵抗したわ。7キロ痩せて、脱水症状を起こしていたのよ。辛苦の挙げ句、左の腎臓がひどく痛み、左目はほぼ失明していた。撮影どころじゃないでしょ！　目に関しては、不安障害のせいで深刻な角膜浮腫を引き起こしていたと釈放後に診断されたわ。

翌日、彼らはさらにプレッシャーをかけて脅してきた。「お前は皆に忘れ去られるまでここにいる」とか「裁判が始まるまで地の果てに移送してやる」などと言って。

なにしろ、また以前のように緊迫した尋問が続いたの。釈放には自白動画が絶対に不可欠だと彼らは強調してたわ。さもなければ裁判所に連れて行かない、だって。「動画のなかでは」と彼らは念を押すように話すの。「いままで自白した内容だけをしゃべるんだ」と。私は少し考えさせてほしいとお願いした。独房に戻って何時間も祈り、考え抜いた末に彼らの言うとおりにすることにしたの。

彼らの説明によれば、自白動画は3部構成ということだったわね。「最初の部分では、自己紹介をしろ」とのこと。「2番目に、お前は自分のしたプロパガンダや活動について話せ。3番目に、バハーイー・ヤラン委員会について話せ、そしてその委員会がバハーイー社会を統治していたときに、お前はどう関わっていたのかを話せ。それと、バハーイー委員会はどうやって〝バハオラの家〟を、世界文化遺産に登録したのか話せ」だって。

これらの内容については包み隠さず何でも話さなければいけないと言われたわ。撮影のときの注意事項はね、同席している尋問官の方を見てはいけないんですって。あと、これは私が大反対した点なんだけど、普段の尋問のときには着ているチャドルを、録画のときには脱げと言われたのよ。

動画のなかでしゃべるのは私だけだった。だから事細かに、詳しく話したわよ。撮影が終わると保釈が申請され、その2日後に釈放されたの。

釈放の1時間前、独房から、女性ジャーナリストが収容されている別の場所に連れて行かれた。そこでね、拘禁されていた最後の数時間になって初めてよ、自分がエヴィーン重警備刑務所209棟にいたのだと知ったの。

ついに、4月7日の午後、私はその棟を出た。あれは特殊な、おそらく人生でただ一度きりの経験だと思う。苦しみに満ち、同時にとてつもなくスピリチュアルな体験だったわ。願わくば、この良い方の影響が自分の残りの人生でずっと続いてくれますように。

この国の未来は明るいと信じているわ。偏見、憎しみ、敵意、そういったものはこの先、地上からなくなるでしょう。

ファティメ・モハンマディ

ファティメ・モハンマディ（1998年生まれ）は市民活動家である。キリスト教に改宗し、個人宅で宗教集会に参加していたために、諜報治安省に逮捕された。逮捕されたのは彼女が「テヘラン・クリスチャンの家」で行事に参加しているときだった。2017年4月7日、革命裁判所第26支部のアフマザデ裁判官により、「キリスト教活動及び反体制的プロパガンダを通じて国家の安全を脅かした罪」で、6ヵ月の禁固刑に処され、エヴィーン刑務所の209棟に送られた。ファティメは20日間を独房で過ごした。彼女はまた、改宗を理由に、アザド大学のテヘラン・キャンパスで英語翻訳を学ぶことを禁止された。

――入れられた独房はどういう所でしたか？

これまで、ふたつの独房に39日間入れられました。どちらも壁と天井はクリーム色でした。床にはボロボロの絨毯が敷かれていました。最初の3日間は、とても狭い部屋に入れられました。狭すぎて歩くこともままならないほどでした。ずっと上のほうの、天井のすぐ横に窓のようなものがありましたが、細かい穴のあいた板が被さっていて、そこからは空が全く見えませんでした。3日後に移された独房は、そこの倍は広かったです。形は最初の独房と同じで、どちらにもトイレがありましたが、最初の部屋のトイレは非常に不衛生でした。

タオル、歯ブラシ、歯磨き粉を渡され、使い終わると回収されました。そういうものは独房に持って行けないことになっていました。尋問に行くときには、コートを着て、ヒジャブを巻き、上からチャドルを被らなければいけませんでしたが、それも尋問が終わると回収されました。どちらの独房にも、ノートやペンなど時間をつぶせるような物は何もありませんでした。独房のなかはとても暗かったので、何かを見ようとすると目がとても疲れました。つらくて耐えがたい時間でした。

――シャワーはどれくらいの頻度で許可されていましたか？

1週間に3回で、1回に20分ほど、長くても30分でした。ちょっとでも長引くと看守が怒鳴り出します。「何をしているんだ！」とどやしつけます。「出ろ！」。シャワー室のドアには小さなのぞき窓がついていて、しょっちゅうそこを開けられて、なかを覗かれました。これには本当に腹が立ち文句を言いましたが、看守はそこを離れず、出てこいとわめくのです。

トイレに行くには、独房内のボタンを押さなくてはいけません。看守の事務所でそのボタンが光ると、彼らが私を連れ出しに来ます。ボタンに呼び出された看守は毎回機嫌が悪く、なぜそんなに頻繁にトイレに行くのだと怒ります。そのたびに恫喝されたり言い争ったりするのが嫌で、水を飲むときは気をつけるようになりました。あまり飲まなくなったということです。こちらの願いや、シャワーやトイレに行きたいという訴えさえ、嫌がらせの末にやっと聞き入れられるという状態だったので、すべてに神経をすり減らしていました。

小さいほうの独房のトイレは古くて不衛生でしたが、看守はそれを使えというので仕方なく使うこともありました。しかし看守はいきなり独房のドアを開けてのぞいてくることがあったので、室内のトイレを使うのは危険でした。

——外気に当たりに連れ出されることはありましたか？

週に2回、20分から30分ほどでした。1週間に1時間は中庭に出られていた計算になります。中庭の壁は高くそびえ、監視カメラが設置してありました。屋根はなく、鉄の格子で塞がれていて、格子にはタルカムパウダーが塗られていました。

——独房では何をしていましたか？　どうやって時間をつぶしていましたか？

小さい独房にいた最初の3日間は、すべてを独房内で済ませなければならず、トイレさえ外のものを使うことは許されていませんでした。最悪でした。私は活発なので、自分をそうではない人間だと思いこもうとしました。夜になると、頭を壁にもたせかけるか、トイレの便座に寄りかからせていました。トイレはひどい悪臭を放っていて、気分が悪くなりました。独房のなかに、自分の力で何とかできるものはありませんでした。時間が身じろぎもせず、立ち尽くしているような感じでした。

——尋問はどうでしたか?

尋問には打ちのめされました。尋問が終わって独房に戻ると、私は何時間も泣き続けました。最初の数日間は特に動揺していて、顔を洗うことさえ忘れていました。拘禁から3日目、尋問に連れ出されたとき、目のまわりが黒いと看守に言われたことを覚えています。その3日間、顔を洗っていなかったので、アイメイクがにじんでいたのです。

その日までシャワーも許されていませんでした。逮捕前、私は鬱病に苦しんでいました。そんな状態で独房に入れられたので、自分をなんとか落ち着かせようと、望みはあると言い聞かせました。しかし数日経つうちに、そんな慰めは通用しなくなりました。尋問官のせいで私の症状は明らかに悪化しました。尋問の間、私と家族、特に母がこっぴどく侮辱されました。彼らは私を傷つけるために、キリスト教を馬鹿にして、けなしました。たとえば、教会のことをカジノと言ったり、「聖書なんて読んでるのか? クルアーンを読め」などと言ったりしました。

尋問官は、私の容疑とは関係のない、生活の最もプライベートな部分をついてきます。私を貶める言葉を投げつけてきます。私たち家族の内輪の出来事まであれこれ批判し、馬鹿にしました。父を背徳者と呼ばれ、私は何も言い返せませんでした。ある日、私は父を愛していると話しながら、泣き出してしまい、尋問官は一瞬黙りこみました。次に尋問官は私の携帯電話を取り出して、友人といままで交わした会話について尋ねました。そのすべてが個人的で私的なもので、私の裁判や容疑とは基本的に何も関係ないものでしたが、彼らは友人たちの話をしろと命令しました。

当たり前ですが、誰しも家族や知り合い、友人とは、私的で親しい、あるいは情熱的な関係を結んでいるものです。尋問官はそういうものに対する配慮が一切ありませんでした。本当に悪趣味です。ある日、看守が私を独房の外に出して、目の前に座りました。目隠しを外すよう言われました。そして彼は私の……とても……プライベートなことを尋ねてきたのです。彼は看守という立場だから、男だから、私のそういう事情を知る権利があるとでも思ったのでしょうか。侮辱して貶めるためにそんなことをしたのでしょうか。

キリスト教について尋問されるときは目隠しのまま壁のほうを向かされ、何かに記入する必要があるときだけ、目隠しを外されました。一体なぜなのかと不思議でしたが、もっと分からないのは、女性としてのプライベートな質問のときだけ、目隠しを外されることです。おかげで私は彼らの顔を見て答えなければなりませんでした。倫理に反すると文句を言いたいのではありません、ひとりの人間のプライバシーの問題です。プライバシーは誰にも侵すことのできない権利であり、その人を従わせるために個人のプライバシーを侵害し、心理的な圧力をかけることなど、許されるはずがありません。

——刑務所のせいで病気になりましたか？

逮捕される前、私は鬱病に苦しんでいた時期がありました。独房に入れられて、尋問を受けたことで、症状は悪化しました。移動の自由もなく、完全な静寂のなかに夜も昼も放置されたからです。

尋問官は私のそれまでの医療記録や、当時受けていた治療について、すべて知っていました。尋問のときにそう言われました。しかし主治医に連絡をしたり、薬を取り寄せたりすることは許されませんでした。当然の結果ですが、私の精神状態はストレスのせいでひどくなりました。覚えているのは、ある日、独房で気分が悪くなったときのことです。不安の大波が押し寄せ、私は頭を何度か壁に打ちつけました。叫びました。そのあとで尋問に連れて行かれました。私は泣いて、具合が悪いので薬が必要だと訴えました。数時間後、隣の部屋に連れて行かれ、そこには医師だと名乗る男がいました。私は自分のそれまでの症状を説明し、独房でひどくなったので、いつも処方してもらっていた薬がほしいとお願いしました。その人は薬を処方して、毎日飲ませるようにと看守に告げました。

薬のパッケージは一度も見たことがありません。ただ毎朝、毎晩、錠剤を持ってこられて、看守の見ている前でコップの水で飲みこまなければいけませんでした。具合が良くなるどころか、不安がいっそうひどくなりました。病気は明らかに悪化しました。もう尋問に呼ばれることはなく、ただ独房に拘禁されていたので、そのほうが気がかりで心配になりました。「ねえ、もう私に用がないなら」と私は女性看守に話しかけます。「ここから出してくれません?」。しかし彼らは私を無視します。この房を出るためなら尋問だって構わないと思いました。あれほど貶められ、侮辱され、罵倒されたのに。足音が近づいてきて、独房の外の世界が見られるなら、どんな出来事でも大歓迎でした。

あるとき、男性が廊下を掃除していました。その人が床を掃いて掃除をしている間、私は息を止めて通気口のすぐ横に顔をくっつけ、その小さな穴から、男性が動いている様子を見ようとしました。もちろん無理でした。それでも私はいつもドアのすぐそばに立って外の様子をうかがおうとしていました。

尋問官を信用して良いのか分かりませんでした。ある日、尋問の予定があると言われました。時計がなかったのではっきりとは分かりませんが、始まったのは夜遅くだったと思います。尋問官が来て、私の友人と家族全員が、私を有罪にする重要な情報を明かし、私を責めている、と言いました。彼は「いいか、家族さえもお前を悪く言ってるぞ」と言うのです。私はそれを信じました。ひどく泣きました。なぜ誰も私を庇ってくれないのか、なぜみんな私を見捨てたのかと絶望感に襲われました。自分の両親に悪く言われているということさえも信じてしまいました。どれほど落ち込んで泣いたか、想像できないと思います。

のちに分かったのですが、これらは全部嘘でした。独房拘禁と尋問で気持ちが張り詰め、気づくと床に膝をついて泣いていることがありました。自分でも知らないうちにそうなっているのです。キリストに呼びかけ、問いかけました。キリスト以外に手を差し伸べてくれる存在はないと思っていました。

セディエー・モラディ

セディエー・モラディ（1960年テヘラン生まれ）は1980年代に2回逮捕され、刑務所で過酷な体験をした。
2回目の逮捕、釈放後に結婚し、ヤサマンという娘をもうけた。政治犯だった彼女は再び2011年5月1日に逮捕され、エヴィーン刑務所209棟に送られた。テヘラン革命裁判所第28支部に「モハレベ」と「反体制組織と関係した」という判決を下され、10年の禁固刑を言い渡された。
セディエーは7ヵ月後に一般房に移送され、5年の刑期を勤めたのち、2016年12月23日にエヴィーン刑務所より釈放された。2019年、諜報治安省は再び彼女と彼女の夫、メディ・カワス・セファトを逮捕した。

――初めて刑務所に拘禁されたときの体験について教えてください。

1980年6月15日に逮捕され、イシュラタバードの収容所に移送された。独房も備えた軍の収容施設で、そこには5日ほどいた。

それからモジュタバ・ハルヴァエイ（モジュタバ・ハルヴァエイ・アスガールはエヴィーン刑務所の警備責任者。法的手続きを経ずに囚人を拷問し、1988年の刑務所大量虐殺にも加担）が来て、私たちを30人まとめて車に乗せた。車が走り出すと、とんでもないことになったとみんなで顔を見合わせた。車はテヘランをあとにして、カラジに向かっている。高速道路を走っている間、車内には絶望的な雰囲気が漂っていた。ガソリンスタンドで止まったとき、後ろのドアを開けて、少なくとも自分たちがまだ生きていると外の誰かに伝えようとした。恐怖のドライブがようやく終わり、カラジ通りにある納屋で下ろされた。私たちは15人ずつのグループに分けられ、ふたつの納屋に分かれて泊まった。看守は納屋の扉を鉄パイプで施錠した。劣悪な環境で、とてつもなく不衛生な場所だった。与えられた食料はパンとチーズだけ。夜には大きいキュウリが出た。ほぼ全員がひどく体調を崩してしまった。

カチュイ氏（モハマド・カチュイはイスラム革命後初のエヴィーン刑務所長で、1981年7月29日にムジャヒディン・ハルクのメンバーの手で暗殺された）が来て、私たちを名前ではなく番号で呼んだ。私は14番だった。

翌日から、鞭で打たれた。ほとんどの人はムジャヒディン・ハルクのメンバーだったが、3人は左翼主義者だった。日中、納屋の扉が開いて、外に用を足しに行くことができた。その納屋にはおよそ1ヵ月閉じ込められていた。それからゲゼル・ヘサール刑務所に連れて行かれて、7月の終わりから1981年の2月までいた。その時点で当局は私たちの名前を知らなかった。ハジ・ダヴード（ダヴード・ラーマニ、通称ハジ・ダヴード。1979年のイスラム革命後、カラジにあるゲゼル・ヘサール刑務所の初代所長。１９８１年夏から１９８４年7月まで恐怖政治を敷き、様々な新しい拷問手法を考案した）とスーリ（ホジアトラー・スーリ、ゲゼル・ヘサール刑務所の所長グループのひとりで、のちにエヴィーン刑務所長になった。２０１１年には囚人に対する拷問と虐待でＥＵから制裁を受けた）が来るまで、当局は私たちの身元すら把握していなかったのだ。それから私たちはエヴィーン刑務所に移送され、一般房に入れられた。廊下を挟んだ私たちの房の前には、未婚の囚人の房があった。

一般房には4つの大きな部屋があり、それぞれ3段ベッドが並んでいた。収容されていたのは全部で４００名。当局は囚人を恣意的に扱った。たとえば、ハジ・ダヴードは、格子柄のコートを着ている囚人、あるいは黒縁メガネをかけている囚人だけを集中的に狙った。あるときなど、収容人数の多すぎる部屋のベッドが重みで壊れ、囚人たちが折り重なって、何人も怪我をした。

そんななかで、私は１９８１年の3月に釈放された。

――2度目に逮捕されたときの独房拘禁について教えてください。

再び逮捕されたのは１９８５年の8月。逮捕の瞬間から、殴打され罵られた。氏名と、なぜか靴のサイズを尋ねられるのが不思議だった。のちに何のために必要だったか分かるのだが。

まずは、収容施設に連れて行かれた。そこで独房に入れられ、たったひとりになった。壁は白とオレンジ色、部屋には何もない。壁のずっと上のほうに、窓があった。空のかけらを見ようとすれば、背伸びをしなければならない。その独房に2ヵ月ほどいた。国立大学の鐘の音が聞こえてきた。

初めてのときから、拷問ではいつもベッドに縛りつけられた。両手足を引っ張られ、ベッドに固定されるので、ものすごく痛かった。それから電気の流れているケーブルで足の裏を打たれる。体じゅうが痙攣した。叫んだ。死んでしまうと思った。鞭打ちの背中の痛みを忘れるほどだった。そのまま頭をぐいっと横に押さえつけられ、首を痛めた。覚えているのは、気絶するとピッチャーの水を顔にかけられたこと。立ち上がることなどできないのに、無理やりに立たされた。

尋問されたり、電流ケーブルで打たれたりする以上に耐えがたかったのは、他の人が鞭で打たれている声だった。私も鞭で打たれてから独房に戻され、これ以上ないくらい惨めな気分だった。下の階は女性房で、上の階は男性房。上の階で男性が歌っている声が聞こえてくると、励まされた。

看守はいつも嫌がらせをしてきた。数時間おきに独房のドアを開けて脅す。私の独房からふたつ離れた部屋に、若い女の子が入れられていた。たしか17〜18歳で、看守によれば、名前はカジャル。その少女は繰り返しひどい拷問にあっていた。2日後、彼女が処刑に連れて行かれたと聞いた。彼女は以前、IRGCの看守の喉を鋭いタイルで掻き切ったと話していた。

年配の母親たちの悲鳴も聞こえてきた。子どもたちの隠れ場所を言えと拷問されているのだ。知らないのか、知っているのか、母親は答えない。60歳の母親が子どもの居場所を隠しとおしたので、電流ケーブルで打たれて独房に戻されたことを覚えている。

――どう時間をつぶしていましたか?

ある日、電流ケーブルで打たれて最悪の気分だったとき、私は覚えている歌を歌った。当時はまだ独身で家族とも一緒に住んでいなかったので、友人のことを思った。自分がそれまでに行った場所や、やったことを思い出して時間が過ぎるのを待った。クルアーンはなかったけれど、覚えている章の内容を考えた。それまでに見た映画を思い出したりもした。

独房には何もない。最初はスプーンさえもらえず、文句を言うと、なしで食べる方法を覚えろと言われた。しばらくしてアルミのスプーンを渡された。

歩いた方が良いのは分かっていたが、できなかった。たいがいは横になっていた。大声を出して話し、自分ではない誰かの話し声だと思おうとした。上階から歌声が聞こえてくる以外は、静寂のなかにいた。最も美しい音は、国立大学の時鐘《じしょう》。他にも、人生がまだ続いていると思える瞬間は、バイクの音や果物売りの声が聞こえてきたときなどだ。生き返るようだった。

――壁の白さと独房内の静けさは、あなたにどのような影響を与えましたか？

精神崩壊寸前だった。長いこと、世界にはもう何も存在していないのだと感じていた。どう言えば伝わるのか、あのとき、自分がすべてから遠ざかってしまったような、自分だけが忘れ去られたような、そんな感じだった。神に助けを求めて祈った。孤独に支配されないよう、知っている歌は全部歌った。

ある日、蝶々が絨毯にとまった。私は蝶に話しかけ始めた。まるで親友に話しかけるような調子で。やがて看守がやって来て、「お前らはみんなイカれてる」と罵倒した。私は蝶の存在に舞い上がっていたので、絶対に悟られまいと言い返さなかった。

ああ……、あの頃は囚人が処刑のために連れ出され、ひとりまたひとりと減っていき、心が砕け散りそうだった。そんな自分を戒め、私はひとりではない、上階の囚人は兄弟だ、まわりの独房にいる女性たちは母や姉妹だ、と言い聞かせていた。

ある日、看守が準備をしろと言った。いよいよ処刑されるのだと思った。「どこに連れて行くの？」と尋ねると、「お前の行きたいと思っていた場所へだ」という答えだった。

これといって持っていくものはない。500トマンで買ったはきやすいズボンがあったので、それを持って出た。処刑を覚悟していた。やり残したことがどれほどあるだろうと思ったが、もう時間切れだ。私はアーヤト・アル・クルシ［クルアーンのなかで最も功徳があるとされる第2章の雌牛章255節の「玉座の節」］を唱え始めた。

まず、倉庫に連れて行かれた。そこには色々なものが保管されていた。彼らは私に鞄を返し、そこを出た。すると外にはたくさんの人が行列を作っているではないか。私はマリアという少女の後ろに並び、どこに行くか知っているか尋ねたが、彼女も知らなかった。どうやら一般房に移送されるらしいと分かったが、私は政治犯だったので、一般房ではなく209棟に移送された。

――新しく移った209棟の独房について、教えてください。

並んでいる独房の大きさはどれも同じくらいに見えた。私はそのなかの一室に入った――ドアも壁も落書きで埋まっていた。私はシャームルー（アフマド・シャームルー、社会派の現代イラン詩人）の詩を読んだ。「ヴァルタンは何も言わなかった」（ヴァルタン・サラカニアンは左翼活動家で拘禁中に仲間の名前を明かさなかったことから、死ぬまで拷問された。シャームルーが彼について書いた詩はイランで有名）を何度も読んだ。壁に書いてあることを一気に読まず、毎日少しずつ読もうと心に決めた。独房には気分転換できるようなものが何もない。誰とも電話できず、面会もできず、それがこたえた。

こうなったら自分で計画を立てるしかないと思い、クルアーンを読むことにした。外の世界のことは考えないように心がけた。

ある日、クルアーンを読んでいて「ムハンマドの章」にさしかかったとき、ドアが開いて外に出るよう言われた。母が面会に来たのだ。ついに誰かに会えると大喜びし、しかも最初の面会が母だということが、さらに嬉しかった。母は元気そうで、ひとりで来ていた。母が朗らかでいてくれたので私も気分が良くなった。私の組織や同志に関して重要な情報やニュースは何もなかったが、それでも面会は嬉しいものだった。

――1985年、独房にはどれくらい拘禁されていましたか？

収容所の独房にはおよそ1ヵ月いた。天井が腐っていて、そこから大きな甲虫が落っこちてくる。油の燃えたような臭いがする部屋だった。尋問をおこなうのは諜報員で、彼らは情報を引き出そうと、尋問の最中に私を殴った。靴のサイズを聞かれ、23・5センチと答えたのに、拷問を受けてからは、26センチのスリッパで歩かされた。

収容所の独房で1ヵ月過ごしたのち、209棟の独房に移った。私の独房は1階にあり、油のような臭いはしなかった。空は見えない。尋問は地下でおこなわれたが、ちゃんとした尋問はほとんどなく、たいてい独房に放置されていた。209棟の尋問が終わると、第4支部に送られた。トゥーデ党（1941年に設立されたイランの共産党）とイラン人民フェダイーン（左派の亡命政党、世俗主義の国を提唱している）の仲間20人ほどがいる密室に入れられた。そこで再び尋問が始まった。房にいるときは、ベルが鳴って看守の足音が近づいてくるのを聞くと、恐怖に襲われた。足音が通り過ぎると安堵のため息をついていた。

——同室の囚人から何を聞きましたか?

同時期に一緒だった囚人たちは、皆が一様につらい体験をしていた。そんななかでも、イラン革命労働者機構（1978年に設立されたマルクス・レーニン主義の組織、現在はドイツに亡命中）の一員であるアルミズ・ソラヤ・モラディのように、士気を高く保ち、私たちを勇気づけてくれる人もいた。夫は処刑されていて、彼女自身も電流ケーブルで何度も打たれたせいで、足の裏の皮膚が赤ん坊のように薄くなってしまっていたのに。私も尋問中に打たれ、両目に傷を負った。助け合ってこの状況を生き抜こうと、私たちは持てる勇気を結集した。食事の内容はそれほどひどくなかったはずなのに、私たち囚人は何かを食べられる状態ではなかった。

——独房拘禁と拷問は囚人仲間にどんな影響を与えたと思いますか?

拷問と独房拘禁ののち、精神を病み、行動のおかしくなってしまった人を何人も見た。マルジエという名前の女性は、毛布の下で何時間も独り言を言い、笑っていた。彼女は苛烈な拷問を受けていた。

ナスリーンという女性は、他の囚人のところに来て片手を差し出し、「あなたは私の夫を殺しましたか?」と尋ねる。私たちが殺していないと答えると、彼女は行ってしまう。そして走りながら夫の名前を呼び続ける。彼女が独房に拘禁されていたことは知っていたが、詳細は分からない。

1981年、私たちはゲゼル・ヘサール刑務所のアンダー・エイト(独房のある区画がそう呼ばれていた。独房拘禁、あるいは暴力を伴う拷問がおこなわれていた)に入れられていた。そこにいたアナヒタという女性囚人は想像を絶する劣悪な環境に置かれていた。ドアの前の鎖に繋がれていたのだ。地獄よりもひどい光景だった。また、モジダン――モジデーだったかもしれない――という名前の元医師がいて、この人はパンしか口にしなかった。食事の肉にはタジール(クルアーンやハディースで明確な罰則が定められていない罪、国の裁量で罰する)を犯した囚人の人肉が入っていると信じていたからだ。

1985年のエヴィーン刑務所にはナデレとタヘレ・Sという姉妹がいた。タヘレは通信技術を学んでいて、ナデレは17歳の学生だ。タヘレは重圧に耐えきれず2回自殺未遂をし、ナデレのほうは正気を失う寸前だった。自分の服を引き裂き、ランプの下に立って、くるくる回り続けた。トイレに行っては、床に這いつくばった。自分に話しかけてくる声がする、といつも言っていた。他人を傷つけるようなことはしなかったが、ある夜、思い出したことを話したい、と寝ていた私たちを起こしたこともあった。

ファルザネーという農業技術者に会ったのは1981年のゲゼル・ヘサール刑務所だ。彼女は当時妊娠していたので釈放され、のちに私も釈放された。再び1985年に逮捕されたとき、ファルザネーも少し前に再逮捕されていたことを知った。そのとき彼女は正気を失っていた。トイレに行こうとせず、汚物にまみれて部屋の隅にうずくまっていた。

本当に独房はつらい場所だ。時間が流れない。独房でわずかでも慰めになるものといえば、他の囚人の声で、そこには連帯感があった。電流ケーブルで打たれて苦痛に悶えたあとは、その苦しみを言葉にして吐き出さないと生きていけなかった。

狭苦しいその場所から、トイレに行くために出ることさえできなかった。トイレは房のなかにあったからだ。外気に当たりに連れ出されることもなく、独房を出られたのは、尋問のときと、週に1回、数分だけ外のトイレを使って良いときのみだった。

私たちは男性看守にいつもビクビクして怯えていた。同志が尋問室で拷問されている声が聞こえると動揺した。

――その次の逮捕はいつでしたか？　何があったのですか？

2011年5月1日、朝8時に逮捕され、209棟に連れて行かれた。第2通路の22号室に入れられた。逮捕時、私は深刻な腰痛と坐骨神経痛を抱えていたので、独房の床で痛みに震えていた。独房はとても暗かった。過去何回かの逮捕に比べて、そのときの逮捕はつらいものになった。結婚して娘がいたからだ。私は娘ヤサマンのことを考え続けた。家で逮捕されたとき、ヤサマンは泣いていた。学校に行かないと言い張って大変だった。娘を残していくことが何よりもつらかった。しばらくして、私の逮捕後に夫のメディが病気になったと聞かされた。

逮捕の翌日から尋問が始まった。その数日後、耳が聞こえづらくなり、声も喉の奥で引っかかって出なくなっていると気づいた。刑務所の医師が言うには、どちらも精神的に大きなショックを受けたことが原因だそうだ。他にできることがないので、私は煮沸した水を飲んだ。独房も変わった。今度の部屋は25号室で、さらにひどい場所だった。いっそう狭くなったのだ。トイレも室内にあって、独房内は暗かった。1985年に入れられた独房も、トイレが室内にあったことを思い出した。3歩も歩けば壁にぶつかってしまうような狭い独房にいるということは、窒息させられるに等しい経験だ。

拘禁の初日から、私はヤサマンのことを考えまいと決心したが、それでも考えてしまう。あの子はどうしているだろう、ということが頭から離れない。娘の様子が知りたかったが、電話も面会も許されない。そこで尋問官に、娘の声を聞くまでは尋問に何ひとつ答えないと告げた。そうやって私が電話をできるようになったのは、3週間後だった。

――そのときの独房は1985年のときと違っていましたか？

相変わらず、狭く、暗く、息が吸いづらい場所だった。メガネを持ってきていなかったので、何も見えず、読めず、クルアーンもだめだった。独房にはクルアーンしか置いていないのに、それすら読めなかったのだ。ペンも紙もない。骨の髄まで孤独で、時が止まっていた。私はその独房に2ヵ月半いた。エントランスの厄介なベルが鳴るたびに、夜寝ているときでも飛び上がった。あるとき、母親が子どもの声色を真似ているのを聞いた。最初、刑務所に子どもが連れて来られたのかと思った。そんなはずもなく、すぐにどういうことなのか分かった。

そののち12号室に移されたが、部屋の様子はほとんど変わらなかった。暗さはさらに増し、少し広くなっただけ。しかし大きな変化もあり、神に感謝した。独房内のボタンを押せば、女性看守に外のトイレに連れて行ってもらえたのだ。1日に数回、数分だけでも独房とトイレやシャワーを行き来することで、生活に変化が生じた。外気に当たりに外に出されると、空が見えることが何よりも素晴らしかった。自分はひとりではないと思えて、気持ちが明るくなった。外に出るときにはチャドルを着ていた。

――独房にはどれくらいいましたか？

独房には2ヵ月半いた。ある日、女性の看守長が来て、プラスチックのカップに入ったお茶を渡しながら、同房者が来ると告げた。これで〝独房〟ではなくなる、私の孤独は終わるのだと思った。

クリスチャンの女性が同房者になった。彼女が部屋に入ってきて、目隠しを外した途端、私は走り寄って抱きしめ、キスをした。いきなりこんなことをしてごめんなさい、と謝った。ほとほと自分が嫌になる。気をとり直して自己紹介し、ふたりで話し始めた。

――食事はどうでしたか？

ずいぶん時間が経ってから、お金があるなら果物を買えると言われた。逮捕時、私はお金をいくらか持っていたので、果物を少し買った。しかし最初の1週間で体重が7キロも減っていた。食べられなかったからだ。ショック状態で、出血性の潰瘍に苦しんでいた。唯一食べられたものは、朝夕にもらえるお茶に添えられているデーツだけだった。声が普通に出るまでに2〜3週間かかり、その間はしゃべれなかった。尋問室では、まず白湯を飲んでから、小さな声で話し始めた。

――独房にいるあいだ、尋問は何回ありましたか？

2ヵ月間に20回くらいだと思う。尋問中の重圧はかなりのものだった。彼らは私に服を渡して、自白に行く準備をしろと言う。

そんな尋問の最中、すっかり我を失い、刑務所内の医務室に連れて行かれたことがあった。神経科医だという医師がいて、私は自分の足で立つこともできず、口をこじ開けられ、向精神薬を押し込まれた。思いどおりに体を動かせずに人形のようにされるがままになっていた。その後3日間は無気力になり、しゃべることさえできなかった。

――尋問の厳しさと独房の過酷な状況で、彼らに屈してしまおうと思ったことはありますか？

自白動画を撮影するように言われたとき、いちばん辛かったのは、彼らが夫と、特に小さな娘を脅したことだった。恫喝に満ちた尋問から房に帰ってきたとき、囚人仲間のファランとヌーシンが、私の精神状態が危ういことに気づいた。尋問官が言うには、私たち9人全員、自白する必要があり、私ももちろんそうしなければならないそうだ。何日か悩んだ末のある夜、尋問と拘禁の状況が少しでもマシになるなら自白動画を撮ると伝えた。撮影の日時が決まって、房に戻ったが、翌朝4時まで眠れなかった。そしてファランとヌーシンに、気が変わった、自白はしないと告げた。しかし尋問官はそんなに簡単には許してくれなかった。

刑務所長が迎えに来たとき、やはり自白には行かないと尋問官に伝えてくれるよう頼んだ。それでも尋問室に連れて行かれると、尋問官たちに「俺たちをからかってるのか？」と怒鳴られた。ヤサマンを脅しのネタに使われたので、私が感じた苦しみは相当なものだった。いままでの逮捕と違い、娘の存在が私の立場をいっそう苦しいものにしていた。しかしひとたび自白はあり得ないと宣言すると、心のなかに不屈の火が灯った。もう何も怖くない。尋問官にいくら脅されても、馬鹿馬鹿しいとしか感じなくなった。

——あなたの抵抗の支えになったものは何でしたか？

上の世代が受けた苦しみをいま一度、思い返した。子どもをかばって殺された母親たちを思った。クルアーンを読んだ。自分の考える理想とそれを達成するために、子どもから引き離されてしまった多くの母親を思った。

毎朝、運動した。独房にひとりでいるときは、隣の房にも聞こえるくらいの声で、自分に話しかけた。本がなかったので、新聞が読みたいとリクエストした。独房にひとりのときは、夕暮れ時になると特に悲しくなった。そのうちふたりの同房者がやって来たので、みんなでテレビが見たいと要求した。ニュースをまるで知らなかったから。

――あなたの小さなお嬢さんについて教えてください。どうやってあなたの逮捕を乗り切りましたか？

独房で、自分は娘の面倒をきちんと見てやれないのだ、母親なら当然すべきことができないのだ、と自分を責めた。悲しくて心が痛かった。神様に埋め合わせの機会をくださいとお願いした。

初めてヤサマンに会えたのは逮捕から3ヵ月後。娘は顔を上げなかった。私はあの子の顔を、何としても見たかったのに。お母さんはとても元気で楽しいという振りをして、大丈夫だと繰り返し言った。あとで、どうして顔を上げて私を見てくれないのかと尋ねると、娘は、「ママを見たら泣いてしまうから」と答えた。ほんの子どもだったのに、私がひどい状況下にいて、体もボロボロだと分かっていたのだ。

このときの拘禁は、それまでの2回の経験とは次元が違い、比べることすらできない。娘のことを考えまいとしても、四六時中それしか考えられなかった。

――独房の衛生状態はどうでしたか？

ひどかった。トイレが悪臭を放っていた。服を洗う場所もなく、皮膚病になってしまった。シャワー室も不潔だった。私は洗剤を買って汚れを落とし、掃除してなんとか使えるようにした。独房のなかも掃き掃除をしたかったが、与えられていたのは、壊れた小さなホウキだけだった。

1980年代は、自白をしろと拷問された。2011年の逮捕では身体的に暴力を振るう拷問ではなく、精神的な拷問で追い詰められた。誰も何の情報も引きだそうとはせず、調査をするつもりもない。すでに何でも知っているのだから。それなのに、自白のために我々を拘禁していた。

ナジラ・ヌリとショコウフェ・ヤドラヒ

ナジラ・ヌリ（1968年生まれ）とショコウフェ・ヤドラヒ（1967年生まれ）はニーマチュラヒー教団の神秘主義者［踊りなどを通じて神との一体感を追求する宗派の信者］である。2018年2月20日、ふたりは神秘主義者の集会に参加していたときに、第7ゴレスタン通りで逮捕された。第7ゴレスタン通りにはドクター・ヌール・アリ・タバンデー（イラン最大の神秘主義教団であるニーマチュラヒー・ゴナバディ教団の精神的指導者）が住んでおり、治安当局がそこに検問所を設置し、彼を逮捕するかもしれないという噂があったため、教団員が抗議のために集まっていた。およそ100人の教団員が治安当局に逮捕され、暴行され、血を流し大怪我を負った状態で独房に移送された。
ナジラとショコウフェはそのときの体験を次のように証言した。

――ナジラ、独房はどういう様子でしたか？　どこに連れて行かれたのですか？

ナジラ：私たちが逮捕されたのは朝の3時で、そのまま道端で朝の6時まで立たされていたのよね。

7時になると、サプール通りにある収容所に連れて行かれた。男性はそこで下ろされ、私たちはヴォザラ拘置所に入れられた。そこで夜が来るまで拘留されて、シャフレ・レイ刑務所に移送されたの。

私たちは放水砲を浴びたので、服はびしょ濡れで血みどろ。その格好のまま放っておかれたの。他の人は頭の深い傷から出血したままの状態で独房に入れられていたわ。セピデー・モラディ（同じく神秘主義者。2018年、治安当局との衝突で逮捕され欠席裁判で5年の禁固刑に処された）が連れてこられたんだけど、脚が腫れ上がり、それ以外にも怪我をしていた。私もひどく殴られたので、手首に鋭い痛みがあったわ。頭を殴られたところから出血していて、それも猛烈に痛かった。ショコウフェも頭を殴られ、彼女の場合は頭蓋骨にひびが入っていたのよ。


そんな状態で私たちは刑務所まで移送され、3つの隔離房に入れられたの。房には何の設備もない。ひとつの房は2メートル四方で、私を含む3人がそこに入れられたわ。

トイレがドアも仕切りもない状態で置かれていた。狭い房のなかで、他のふたりがいる前でそのトイレを使わなくてはならないのは勘弁してほしかったわね。隔離房のドアは金属製で、小さなのぞき窓がついているの。そのうちトイレが詰まって下水があふれ出てきて……房の中に悪臭が充満し、私たちみんな吐きそうだった。布で口と鼻を覆って、少しでも臭いを吸い込まないで済むように工夫はしたけど。

3人のなかに喘息の持病のある人がいて、具合がかなり悪くなって、普通に呼吸すらできない状態になってしまったの。これはまずいと何度か病院に連れて行かれたけれど、治療を受けず、何の改善もないまま、出たときと同じ状態で戻ってきたわ。

ある隔離房では、トイレがあまりに逆流するので使えなくなったんですって。頭上にある電球は、昼も夜も点きっぱなしなんだけど、とても弱々しい光だったから、見えるものは限られていた。こんなに点いているかどうか分からないほどの明かりなら、いっそのこと消してしまいたいと、私たちはそう思っていたの。

——衛生状態についてもう少し聞かせてください。

バスルームには、トイレの上にシャワーがついていた。でもシャワーの下に立つことはできない。だって下はトイレで、そのトイレからは下水があふれ出ているんだもの。トイレはとにかく不潔で、その悪臭が夜も昼も私たちを責め立てて……。夜寝るときは、ブラウスの襟を引っ張り上げて口を塞ぎ、少しでも眠れるように苦心したわね。看守に洗剤と消毒剤をもらって掃除だけでもしたいと頼んだのに、許可されず、ブラシさえもらえなかった。便器にこびりついた汚物はもう何年もそのままみたいで、こすり落とすのはまず無理そうだった。排水管からは臭いがきつく立ち上ってくるから、トイレを使わないときには、ビニール袋に布を入れたものをトイレの管に詰めていたの。

シャワーのときだって、まともな衛生用品なんてもらえなかった。隔離房に入れられたとき、小さなシャンプーのボトルを渡されたんだけど、それで髪を洗うと、タワシのようにゴワゴワになって櫛が通らなくなるのよ。のちに移送されたカルチャク刑務所（テヘランにある悪名高い刑務所、定員の倍の1400人の女性が収容されている劣悪な環境で有名）の水質は最悪で、塩分がやたら多いせいで、肌や髪が傷んだわ。

――外気に当たる機会はありましたか？

最初の10日間は隔離房から出してもらえず、例の電球の下にいるしかなかったわ。その後、外に連れ出されるようになったの。毎日20分ね。それがのちに30分になった。

――食事はどうでしたか？

最初の数日はパンとハルヴァ［練りゴマに穀物やナッツを混ぜて焼き上げた砂糖菓子］しかもらえなかったの。拘禁されている人のなかに糖尿病患者がいて、毎日はパンや小麦製品を食べられないと抗議したと聞いたわ。飢え死にしてしまう、と。それから数日後、小さなチーズのかけらとパンが出てくるようになったの。飲み水は与えられなかったので、水道水を飲んだけれど、しょっぱくて安全ではなかった。ちゃんとしたペットボトルの飲み水がほしいと訴え、苦情の申し立てさえしたのよ。

——尋問されましたか？

私たちのなかにはシャプール刑事尋問部に連れて行かれた人がいたの。シャプールは知る人ぞ知る、最も恐ろしく、悲惨な場所のひとつでね。何人かの神秘主義者がそこで拷問され、殴打され、過酷な目に遭ったの。私たちはその頃カルチャク刑務所にいたんだけど、独房のドアには4つの鍵がついていたわ。外部とはいかなる接触もできず、連絡も取れない。

ある日、同じ神秘主義者のエラム・アフマディがどこかに連れて行かれた。私たちは彼女の帰りを待ったけれど、帰ってこない。私たちが何度尋ねても看守は彼女の居場所を教えてくれなかった。2日が過ぎて3日目にやっと彼女は帰って来たわ。尋問のためにシャプールに連れて行かれていたそうよ。シャプールの尋問部はさらに不衛生なんだって。しばらくそこに拘禁されていると、シラミのような寄生虫がついてしまうんだって。

もちろん、カルチャクにいる仲間のなかにも尋問された人はいたわ。私たちの尋問官はふたつの機関、つまり諜報治安省と革命防衛隊から送り込まれていた。

——お子さんと一緒に逮捕されましたね。家族が逮捕されたことは、あなたにどう影響したと思いますか？

息子のキアラシュは私と一緒に逮捕されたの。当時20歳。長いこと息子がどうなったのか分からなかった。一番の心配事は息子の健康状態ね。

初めて夫との電話を許可されたとき、開口一番にキアラシュがどうなったのか尋ねたわ。逮捕されるとき息子は撃たれ、私が最後に見たあの子は大怪我を負っていたのよ。そのずっとあとで、息子がシャプールの独房に3ヵ月拘禁され、劣悪な環境を耐え忍んだということが分かったわ。私たちが逮捕されたのは2018年2月で、キアラシュはその後1ヵ月間、独房で拘禁され、服を着替えることも許されなかったそうよ。

——あなたは拘禁中に同室者がいない時期がしばらくありましたね。その期間についての話を聞かせてください。

私は病院で掻爬《そうは》の手術を受けたの。刑務所に送り帰されるとき、それまでとは別の独房に入れられ、そこではたったひとりだった。隣の独房にいた女性から聞いたのだけど、神秘主義者の女性たちがエントランスで電気ショックを受けていたんですって。彼女はその瞬間を見たと言っていたわ。私の独房はエントランスから4部屋しか離れていなかったから、確かに電気ショックの音が聞こえた。

私は病院から独房に移送されたとき、術後の出血がまだおさまっていなかった。せめて水だけでももらえないかと看守に頼んだけれど、その後2日間、食べ物も水ももらえず、誰も私の様子をチェックしに来なかった。そこでドライ・ハンガーストライキを始めたの。怒り心頭よ。通路で座り込みとハンガーストライキをしている神秘主義者の女性たちが虐待されていることに対して、そして私の扱いに対して。

病院の手術から帰って来たばかりで体が弱っていた私に必要だったのは、看病と衛生的な環境でしょ。それなのに石けんやシャンプーすらもらえず、衛生設備の何ひとつない独房に入れられたんだから。

ドライ・ハンガーストライキの4日目、高熱が出たわ。病院には行かなかったし、看守に熱や血圧を測ったりもさせなかった。看守がショコウフェを連れてきて、グラスに入ったきれいな水を彼女から私に渡させて、ストライキをやめるよう説得したの。私はストライキをやめて、その後11日間拘禁されたわ。

――ショコウフェ、あなたも独房にいるときと、一般房にいるとき、ハンガーストライキをしましたね?

ショコウフェ：隔離房から出されたあと、座り込みを始めたんです。独房で何ヵ月も過ごした挙げ句、家族に電話することすら許されないことに抗議をしたくて。私たちの要求をきちんと受け止めてほしいと声をあげました。すると看守が私たちを集団で暴行しました。この目でパウア・アブドゥル氏自らが、攻撃の命令を下すのを見ました。看守は私たちの頭や顔を、家畜用の電流棒で突き刺してきます。私は何度も電流を流され、しまいには痺れて何も感じなくなりました。頭から爪先まで電流棒で突かれたので、服はびりびりに破れました。そんな私たちを彼らはさらにひどく殴りました。だから座り込みだけではなく、ハンガーストライキをすることにしたんです。独房にいた他の神秘主義者たちも同じことを始めました。

私たちはハンガーストライキを18日間続けました。この間、囚人の家族が刑務所の外でほぼ休みなく立っていたそうです。私たちの様子を知りたいから刑務所の責任者に会わせろと要求していたのですって。刑務所の外の友人から願いが聞き入れられたとメッセージを受け取って、ストライキを終わらせました。

——面会はどうでしたか?

3ヵ月ごとに、対面の面会がありました。

——ナジラ、服装の規定はありましたか?

ナジラ:カルチャク刑務所に連れて行かれたときは、チャドルの着用がルールだった。私たちだけ着ていないと、他の囚人と馴染めないだろうと言われ、それもそうかと思ってチャドルを着ることにしたの。ある日、刑務所の房長の部屋に行くように言われ、コートを着てヒジャブも巻いた。それなのに、看守はチャドルを着ないのなら房長に会えないと言う。

「そういう決まりなんですね」と私は答えたわ。「それなら行きません」

それで自分のベッドに戻った。ついに向こうが折れるしかなくなり、私はコートとヒジャブで行った［神秘主義者は神と自身の直接対話を求めるため、イスラム教の戒律に限らず人為的ルールを認めない傾向にある］。

また別の日、家族が面会に来ていると言われ、私はまたチャドルを着ないで出てしまったの。再び看守が私を面会室に行くのを止め、チャドルなしでは面会できないと言う。だから私は独房に戻ったわ。看守が説得に来て、3ヵ月ぶりの顔を合わせての面会なのだから、チャドルを着て会いに行け、と言うの。私はチャドル姿なら家族に会わないと譲らなかった。ついに向こうが根負けして、私はチャドルを着ないで家族と面会できた。

――ショコウフェ、独房と隔離房でどう感じたのか、話してもらえますか？

ショコウフェ：私は逮捕時に頭を殴られて、そのせいで困ったことになりました。まず、嗅覚がなくなってしまったんです。それに頭の傷は化膿し、熱が出ました。夜は特に苦しかったです。

ある夜、眠れなかったので起き上がり、真夜中でしたが、温めた水で頭の傷を洗いました。

少しはマシになるかと思って。苦しかったです。しかし善い人間であろうとしました。実際、独房のなかで心の内は平穏でした。

ドクター・ヌール・アリ・タバンデーがどうなっているのか分からなかったので、それが心配でした。自分の3人の息子の置かれた状況も不明で、それも心配でした。カスラとポリアは神秘主義者だったので逮捕されました。アミールは神秘主義者ではないのに、やはり逮捕されました。あの子が私とふたりの兄弟のせいで逮捕されたのだと思うと、やるせなかったです。子どもたちはこの苦境を生き抜いていけるだろうかと気を揉みました。カスラは12年の禁固刑を科され、アミールは5年、ポリアは8ヵ月の刑期でした。カスラとアミールはまだ刑務所にいます。

ナジラ：私も、独房では常に誰かに見守られている感覚があったわ。実際には白分と2枚の毛布しかなかったのだけど。衛生状態は劣悪で清潔さなどかけらもなかったのに、気分は良かったの。ただキアラシュのことが心配で。息子がテヘラン中央刑務所に連れて行かれて、そこからまたどこかへ移送されたと聞き、いても立ってもいられない気持ちになったわ。

息子は嘘の自白をするよう、かなりの重圧にさらされているという話だった。夫と電話で話したとき、あの子を見つけて、サッター・ベヘシティ（サイード・サッター・ベヘシティは2012年にサイバー警察に逮捕され、拘禁中の拷問に抗議したのち死亡した）みたいに拷問されて独房で殺されたりしないように助けて、と懇願したの。嘘の自白をしてしまったら、そのまま死刑になるのではないかと思って。キアラシュがどうなっているのか分からない間は、私の人生最悪の、悲惨な時間だった。3ヵ月後、あの子の居場所が分かって、やっと息をつくことができたわ。逮捕の夜、私は息子が血を流しているのにその場から引き剝がされてしまったのよ！　息子はあれほどの怪我をしているうえに、さらなる暴力と虐待が待ち受けている……あの瞬間、あの子の運命が見えたの。

振り返るとあの頃は、刑務所に入る前までは大事だと思っていた物事が、どうでも良いことになったみたい。逆に当たり前で気にも留めなかった、たとえばパスダラン通り［テヘラン中心部の大通り］を歩くことなどが新しい意味を持って自分に迫ってきたわ。キアラシュは16年半の刑を科されたので、もちろんまだ刑務所にいるの。それが最大の心配事よ。

マルジエ・アミリ

マルジエ・アミリ・ガファロキはジャーナリスト、学生活動家、政治犯、女性の権利運動家、そして新聞「シャルク」の経済記者でもある。彼女は2019年、テヘランのアルグ・エリアで逮捕された。メーデーの大会参加者が逮捕後にどのような待遇を受けているのか、調べている最中の出来事だった。彼女はそれ以前の2018年3月8日にも、国際女性デーを祝う集会に参加したときに、他の十数人とともに逮捕されたことがある。
マルジエはイスラム革命裁判所で10年半の禁固刑と、鞭打ち148回を科されたが刑法134条により、禁固刑は最低6年になった。
マルジエは保釈を申請し、2019年10月26日にエヴィーン刑務所より仮釈放され、現在は仮釈放中である。

――どのように逮捕され、なぜ独房に入れられたのですか？

私は5月1日のメーデーに逮捕され、そのままヴォザラ拘置所に連れて行かれました。そこで一晩過ごしました。一緒に逮捕されたのは12人くらいで、ふたつの房に分けて入れられました。

翌日、私たちは裁判所に連れて行かれました。そして裁判所からモスクのような、あるいは――よく分かりませんが――ホサイニヤ（カルバラで殉死したイマーム・フサインを哀悼する儀式で使われる、十二イマーム派の集会場）のような場所に連れて行かれ、そこで6時間ほど放っておかれました。そこがどこなのか、その先どうなるのか分かりませんでした。

私は空っぽのホールにいて、マスクをした男がたまに出たり入ったりしています。女性の警備員がときどき私の様子を見に来ては、去って行きます。着いた瞬間から、私は抗議しました。ここはどこなのか、自分には電話をかける権利がある、と言いましたが、もちろん返事はありません。そこで私は叫び始めました。答えの代わりに、「そこの女、黙れ」という声がどこかから降ってきました。

その半時間後、私は車に乗せられ、収容所に連れて行かれました。あとで分かったのですが、その収容所はサローラ・キャンプの施設だったそうです。そこに9日間拘禁されました。部屋のなかにはトイレとシャワーがあり、全体はおよそ3メートル四方でした。ドアは分厚くて、開口ハッチがついています。もちろんドアはずっと閉まっていて、食事やお茶が運ばれてくるときだけハッチが開きますが、一瞬で閉まってしまいます。

――そこの独房の雰囲気はどうでしたか？

独房は完全な無音でした。私には耐えがたい場所でした。隣に別の囚人がいるかどうか、最後まで分かりませんでした。

――そののち、どこに移送されましたか？

9日後、私は209棟に連れて行かれました。そこの独房に約28日いました。とても狭かったです。おそらく120センチ×180センチでしょうか。その部屋はトイレのすぐ隣でした。トイレのドアは鉄製でのぞき窓がついているのですが、日中は看守がドアを開けたままにしているので、トイレ側に身を寄せると、他の囚人がトイレに連れて行かれたり、独房に連れ帰られたりしているのが聞こえました。ここでも独房を出るときは目隠しをさせられましたが、サローラ・キャンプほど厳しくはなかったです。1枚の布切れだったので、巻き方を工夫すると、隙間からあたりが見えました。サローラ・キャンプの目隠しは何層も重なっている布で、巻くと顔の半分が覆われ、口しか出ないほど大きいものでした。

――独房の様子はどうでしたか？

狭かったです。いつも点きっぱなしのランプがありました。その忌々しいランプはとんでもなく眩しくて、太陽光線で目を焼かれているような気分になることがありました。

トイレとシャワー室が外にあったので、少しの間、独房から出ることができました。２０９棟には壁に落書きがありました。サローラ・キャンプは新しく建てられたせいか、ドアにも壁にも落書きはありませんでした。あそこの独房には誰の痕跡も残っていませんでした。２０９棟では落書きを禁止されていたにもかかわらず、前にそこにいた人物の手書きの何かが必ず残されていました。

まるで顔も名前も知らない前の住人が、私に向けてメッセージを残しているようで、ときにはその見知らぬ人と友人になったような気持ちになりました。あれはコミュニケーションの手段だったのです。かつての囚人と現在の囚人をつなぐ秘密の通路、そう考えると胸が熱くなりました。

――独房のなかには何がありましたか？

独房には小さいトイレがありましたが、それだけです。ペンと紙は禁じられていました。独房に入るとき、看守に何枚か毛布を渡されました。毛布を広げるとペンが転がり落ちてきたので、前の囚人が看守に見つからずにペンを次の囚人に託し、使えるようにしたに違いありません。

――外気に当たる時間はどうでしたか？

209棟では1週間に3回、20分間、外気に当たりに外に出されました。サローラ・キャンプでは毎日30分間でした。ヒジャブとコート、ズボン、チャドルを着なくてはなりませんでした。サローラ・キャンプの壁は驚くほど高くそびえています。タイルの間から黄色い花が顔を出していました。かつて友人が、この黄色い花の話をしたことがありました。彼女が逮捕されたとき、その花だけが生命を実感できるものだったそうです。私はその花を見て、ここは彼女がいた場所なんだと気づきました。自分がひとりではなくなったような気がしました。パリサが私と一緒にいる、と。

――209棟の衛生状態や、シャワー室の様子はどうでしたか？

私は週に3回シャワー室に行きました。週に1回、看守から掃除機を渡されて、独房内を掃除しました。

――独房とその孤独は、あなたにどう影響しましたか？

閉じられた空間にひとりで放っておかれるという体験は、誰にとってもつらいものです、私も例外ではありません。人間らしい生活のすべてから引き離されます。尋問中はあらゆる質問をされます。話しかけてくるのは尋問官しかいません。そして独房に戻ると、再びひとりぼっちなのです。独房で孤独でいることは、刑務所の外で孤独でいるのとは意味が違います。独房では隣に誰もいないのです。話したくても相手はいません。そのうち、壁が自分に近づいてくるような気がしてきます。四方の壁が自分に迫ってきて、その重みで自分は押しつぶされるのではないか、という感じになります。とてもリアルで、息が吸えなくなるほどです。

サローラ・キャンプでのことを覚えています。ある日、女性の看守が独房に来て、私に面会に来た人物がいるからチャドルを着なさいと言いました。どこからともなくマスクをした男がドア口に現れ、私に座れと命令しました。そして男も私の正面に座りました。何か話しかけてきましたが、耳に入りませんでした。独房の孤独が、「この男」の存在に取って代わられただけだなんて、ひどい拷問だと絶望しました。

――独房では、どのように自分を励ましていましたか？

励みになるようなものは何もありませんでした。心のなかで想像することしかできません。よく友人たちと一緒に話しているつもりになりました。話題は刑務所以外のことです。そうすれば外の世界とつながっていられると思いました。

尋問に連れて行かれる日は、少なくともやることがあります。尋問のない日は時間が静止しています。過ぎていかないのです。昼間に眠って夜になってくれることを願いましたが、実は昼と夜を区別する手段がありませんでした。いつ1日が終わるのか分かりません。独房のなかには時間を計る道具は何ひとつないのです。

刑務所に入る前は、たとえばバス停などで何時間も座って考え事に耽ることがありました。あるいはただ寝転がって、2時間ほど、とりとめもなく思いを巡らすこともありました。しかし独房では、何かを考えたくなるような刺激は皆無です。いままでの出来事を思い出そうともしましたが、そのうち飽きてくたびれてしまいます。ふと我に返って改めて悲しくなります。しかも、人生の大切だったはずの出来事まで思い出せなくなっているのです。たくさんの物が乱雑に散らかっているなかから、何かを見つけようとしているのに見つからない、そんな感じです。

——独房では、友人、家族など周囲の環境から完全に切り離されています。どう乗り切りましたか？

とにかく運動をたくさんしました。知っている体操、ダンスを何回もして、顔の筋肉を動かし、体全体で色々なポーズをとりました。自分で考え出したこのゲームでたくさん笑いました。誰かに——尋問官以外に——話しかけたくてたまりませんでした。独房では、ドアを開けるのは看守だけです。囚人はトイレやシャワー室に行き、帰って来ます。この単純な日課のなかで、囚人と看守の間で二言三言、会話が交わされることがあります。するとたったそれだけのやりとりですが、両者に関係性が生まれます。
看守が棟に入ってきたり、同僚とシフトを代わったりするとき、彼女たちの服装を見ると、それが壁の外では人生が続いている確かな証拠のような気がしました。ほとんどの女性看守は高い倫理観を持って仕事をしている、というわけではありませんでした。ただ給料をもらうために、囚人を見張る仕事をしているのです。若い看守は、おそらく経験不足のせいだと思いますが、見下した態度の人が多かったです。一方、年上の看守には、経験豊かで忍耐強い人もいました。そういう人は、よくある思い込みで私たちを不当に扱うことはありませんでした。私は女性看守に連れられているときに、心のなかで「あなたも捕まったことがあるの?」と話しかけていました。看守がシフトを代わると、別の人が来て、顔ぶれも変わるので、少しだけ人生が明るくなったような気分になります。
普通に考えれば、刑務所のせいで、私の喜びや考え方がこんなにもちっぽけなものになってしまったのは悲しいことです。それでも、看守との出会いや、そのときの心の動きは私にとって大切でした。しかし尋問官に対しては、全くそんな気持ちにはなりませんでした。彼らは常に私を叱責する理由を探していて、私も怒りと憎しみしか感じませんでした。

――尋問官は看守に、囚人の扱いを指示していたと思いますか?

もちろんそうでしょう。独房の外で足音がすると、私はいつも立ち上がって、誰が来るのかのぞき窓から見ていました。ある日、看守がドアのすぐ近くに立っていたのですが、彼女はドアをいきなり開け、今度こんなことをしたら、のぞき窓を開かないようにしてやる、と警告しました。ところが、私に同房の囚人が連れてこられたとき、同じ看守が、私がのぞき窓から見ることすら許さなかったあの看守が、独房の前で立ち止まって、世間話をするようになったのです。私は尋ねました。私が独房にひとりだったときは決して話しかけてこなかったのに、尋問官が同房の囚人をここに入れると決めた途端、私に話しかけるようになったのはなぜかと。看守はそんなことはないと否定しましたが、実際にそうでした。

人間を狭い空間に閉じ込めてどうするのか、そして看守は囚人をどう扱うのか、すべてが巧妙に計算されているということが分かります。たとえば、囚人が独房から出されると、看守の態度が軟化し、言葉少なに話しかけてくるのです。

——尋問室の雰囲気、いわゆる「ゲーム運び」はどのようなものでしたか？

サローラ・キャンプでは、独房から尋問室に連れて行かれるとき、とても短い距離だったのにもかかわらず、目隠しをされていました。

女性看守が私を尋問室まで連れて行きます。看守はそのまま尋問室に座って留まるときもあれば、尋問官が来ると出て行くこともあります。私は尋問の間も目隠しをされていました。何か書く必要があるときだけ、手元が見えるように、わずかに目隠しを上げることが許されました。尋問は毎回違う場所で、違う時間帯、朝、昼、夜を問わずにおこなわれます。初日の尋問は夜8時に始まり6時間ほど続きました。サローラ・キャンプでは尋問官が質問を紙に書き、話をすることはありません。何でも紙に書くのです。しかしこの間、尋問官は私をあらゆる理由で責め立てます。

209棟では、尋問の間は目隠しを外され、私は尋問官の顔をはっきりと見ました。209棟では、尋問官は社会問題を含む様々な話題について話します。サローラ・キャンプの尋問はそんな雰囲気ではありませんでした。むしろ私の個人的なこと、たとえば独身か既婚か、恋人はいるかどうか、自宅に来た人間は誰なのか、なぜ来たのか、また私の旅行についての質問、あるいは私の携帯電話について聞かれました。尋問官は私の携帯電話をチェックしながら尋問を続けます。しかし209棟では尋問室に携帯電話が持ちこまれることはありませんでした。携帯電話のデータは事前に調べてあって、彼らはそれに沿って質問してきました。

——判決が下ったら何年の刑になるか、言われましたか？

尋問官は、最初から、私は10年から15年の刑になると言っていました。

——家族をネタに脅されることはありましたか？

家族は、私の逮捕を母に知らせまいとしていました。そこで尋問官は、母をここに連れてきて囚人服姿の私を見せてやる、と脅しました。あるいは、母に電話をして、私がどこにいるかばらすぞ、とも言いました。私の妹を逮捕すると言ったこともありました。私は、家族のなかで連絡したいのは妹だけで、もしそれが許されないのなら、家族の誰とも連絡を取りたくないと言いました。そうしてやっと妹に電話をかけることができました。

――体調を崩したとき、治療を受けることはできましたか？

サローラ・キャンプでは比較的、大丈夫でしたが、よく血圧が低くなりました。基本的にずっと低かったです。目隠しをされて、血圧を計測されたことが2回ありましたが、あんなおざなりの検査に意味はありません。そのあと間もなく209棟に移されました。移送には非常に緊張を強いられました。尋問は長く、そして独房拘禁で私は心身ともに傷ついていきました。

私にはてんかんがあり、もちろんその症状を心配していました。尋問官に何度も説明し、紙にも書きましたが、まるで知らん顔でした。ある日、独房にひとりでいるとき、立ち上がった瞬間に意識を失いました。発作が起きたのです。床に倒れました。意識が戻ると、まだそのまま独房の床に倒れていました。体が激しく震えていたので、両腕で脚を押さえました。発作が少し治まって、立ち上がれるようになるまで、そのままの姿勢で待ちました。それから看守を呼び、何があったのか説明しました。刑務所のお偉方が病院に連れて行ってくれるだろう、と言われました。

ずいぶん時間が経ってから、医師の診察を受けることができました。私の心拍数はとても高く、血圧はとても低いという状態でした。医師はインデラル〔心拍数を抑える薬〕を処方し、私を独房に帰しました。私は逮捕のずっと前にてんかんの発作を起こしたことがありましたが、発作の間隔は長かったです。最後に起きたのは3年前でした。刑務所の外で動悸が激しくなったことは一度もありません。自由の身でいるときは、消化器官に問題を抱えたこともなければ、胃腸の薬を飲んだこともありませんでした。それなのに、刑務所で胃潰瘍になってしまったのです。病院に連れて行かれたとき、医師に、この症状は刑務所の環境のせいだと言われました。

――家族との面会や電話は許されていましたか?

最初の数週間は家族と会うことを許可されませんでしたが、尋問の最後の2週間、家族と2回会うことができました。週に1回の電話も許されていました。より正確には、尋問のあとにだけ、電話をかけられました。最初の頃は尋問官がすぐ近くに立って見下ろしているので、家族と話している間もずっと居心地が悪かったのですが、あるときから尋問官を無視しようと決めました。それ以降は電話が楽しくなりました。怒られ、説明しろと迫られるより、私の体調を気遣い、心配してくれる声を聞くほうが良いに決まっています。

尋問室から解放されると、自分は彼らに責められるような人間ではない、彼らにそうなれ、と言われている人間でもない、と希望を感じることができました。尋問の雰囲気と独房の孤独感は、私をすべての物事から遠ざけるように設計されています。尋問官は私に罪悪感を抱かせたいのです。おかげで私は自分の考え方がいけないのかと己を責めました。彼らは私を別の誰かに変えようとしています。彼らと話していると、自分はまがいものの世界に生きているという錯覚に陥ります。押しつけられる考えを打ち消すのは、苦しみの連続です。しかしそれだけが私を救う手立てでした。

――独房で最もつらかった瞬間や経験は何でしたか?

ふたつあります。あるとき独房に看守が来て「お前は違う房に行け」と言いました。私は起き上がり、他にふたりの囚人がいる房に入れられました。ものすごく変な感じでした。話せるのです。食事もできるのです。彼らのことは何も知りませんし、何のつながりもなかったのですが、似たような状況の他人と一緒にいられるというのは嬉しいものです。少なくともこれで私の孤独は終わったのだ、と自分に言い聞かせました。

翌日、もとの独房に戻されました。そのまま独房がしばらく続きました。そしてある日また、ふたりの囚人がいる部屋に移されました。今回はその人たちと一緒にいる間も、また同じことが起きるのではないかとずっと心配でした。

2日後、私は独房に戻されました。最悪の気分でした。壁を両手でバンバン叩きました。その瞬間、自分はおかしくなってしまったのだと怖くなりました。このとき恐れていたのは尋問官や刑務所ではなく――自分自身でした。私は思いきり自分の手を壁に叩きつけました。肉体的な痛みを感じたかったのです。

人間の基礎は、社会生活の大前提の上に成り立っています。それが独房ですべて奪われるのです。独房では話すことも音を聞くこともありません。近づいてくる足音が聞こえても、無視しなければいけません。囚人は尋問官の作り上げた牢獄から出ることはできず、独房が自分の居場所なのだと受け入れなければいけません。

尋問官の顔や声以外に、見たり聞いたりできるものはありません。必然的に尋問官が重要な存在になります。尋問官は囚人を奈落の底に引きずりこむことができます。と同時に、囚人を救い得る唯一の人間であるかのように振る舞います。囚人を責め、罰するための全宇宙のような存在です。その存在のみが、囚人に話しかけ、囚人はその存在としか話をできません。

――どう闘いましたか？　あなたの抵抗に役立ったものは何でしたか？

考え続けること、生きたいと念じ続けることです。それが最も重要で、大きな支えになりました。すべてが嫌になったとき、いまこそ希望を見いだし、過去と未来をつなぐことができるのではないかと考えました。この希望のおかげで、私は尋問官や苦境に屈しない強い気持ちを持つことができました。自分の人生が続いていると信じることは、死ぬまで尋問されるのではなく、その先にも人生はあるという確信につながります。

かつての囚人から聞いた話が、独房のなかで血肉の通った物語になりました。彼女たちもまた、この独房でどのように生き、抵抗したのか、私は思いを馳せました。すると私の心は、彼女たちの抵抗と粘り強さ、確固たる決意で満たされました。独房の残酷な機能とそれが生み出す状況があまりに過酷なので、もちろん彼女たちの「強い意志」は常に瀬戸際にあったこともよく分かります。強さとは何なのか、その概念さえ全く分からなくなったこともあるでしょう。普通、そんなものは一般論やお決まりのイメージでしか考えないからです。

尋問官が、釈放されたらルームメイトを探すと良い、と言ったり、尋問の最中に日々の予定を話したりして、刑務所の外の生活を匂わせることがあります。そんなとき、彼らは囚人の人生を奪う力があると見せびらかしているのです。尋問官はあらゆる手を使って、囚人を壊そうとします。そこで囚人に生き続ける強さを与えるのは、自己の内側から湧き出る力だけです。その力はこういう特殊な状況でしか立ち現れません。そのときまでは、自分にそんな力があったことも、そんな力が出てくることも囚人は知りません。現状に立ち向かおうとするとき、助けてくれるのはその力です。というより、過酷な状況では生存を懸けて闘うしかなく、生存本能こそが囚人を前進させるのです。

尋問官は囚人の人間としての価値をすべて奪おうとします。囚人は物理的に体を取り囲む壁に加え、尋問官によって心理的にも追い詰められるので、理性で抵抗しようとします。そんな理性を、尋問官は囚人に気づかれないうちに思うままに支配しようとします。囚人は徐々にしかこの仕組みを理解することはできませんが、それでも理解すれば抵抗もできます。

拘禁される前の私は、社会的立場や経験によって形作られた人間で、自身の声を持っていました。それが突如として叱責され、私個人の、そして属するコミュニティの思想のせいで有罪と断じられたばかりか、デタラメな根拠で罰せられなければならないと言われたのです。いままで家庭や社会で感じてきた様々な抑圧の本質が正体を現し、剝き出しになって目の前に迫ってきました。

尋問を受けている人間にとって最も強い感情は恐怖です。目隠し、50センチ先の壁、背後から機械のように質問を繰り返し、私を小さな枠に押し込める重苦しい体たち、それらすべてが恐ろしくてたまりません。これは周到に仕組まれた罠です。私を悪者だと思い込ませ、恐怖でがんじがらめにするためです。しかしまさにこの瞬間、人間に備わった、生きたいという驚くべき強い感情が頭をもたげ、どんどん膨らんでいきます。

ときには私の理性も感情も抵抗をやめることがありますが、私の体の深い部分に、あるいは壊れてしまった自分を誇りに思う魂のどこかに、私を抵抗に駆り立てる何かがあるのです。

独房で過ごす日々は常に恐怖に彩られています。恐怖、叱責、懲罰、孤立、恫喝、剝奪、抑圧、これらが拘禁中の囚人に否応なく押しつけられます。しかし実のところ女性は、逮捕の前から、あらゆる制度の背後にこのような空気を感じてきました。自分で体験していなくても、他の女性の体験として見聞きしたことはあります。私は女性としてこの空気を、父から、兄から、私を縛る家父長的な制度から、押しつけられてきました。この空気はそれ自体が支配者であり、あるいは少なくとも、私の決断や選択を奪い、私の運命の決定権を握っているかのように振る舞います。

刑務所では、尋問官は単なる尋問官ではありません。彼らは家父長的な秩序を体現した存在で、彼らの思いどおりになることを拒んだ女性から声を奪います。こういう構造のなかで、ちゃんとした女性として社会に居場所があって敬意を払われるのは、おとなしく従順で、既存の秩序を受け入れ、そのなかで生きていくことを引き受けた女性だけです。ここでレザ・バラヘニ(亡命したイラン人作家、カナダ在住)の言葉を引用したいと思います。

「2種類の言葉、2種類の声を持つ人間を信用することなど、どうしてできようか? ひとつの言葉であなたを打ち、もうひとつの言葉であなたの自由と意志を、優しく穏やかに奪う者を? 自分は卑しく、彼らが優れていると本気で思えるだろうか? 自分は許されず、彼らは許される、だから彼らは勝者であると思うことができるだろうか? あるいは、忍従こそ生き残る唯一の道だと思うことなどできるだろうか?」

この文章にはとても勇気づけられました。

このような秩序のなかで、人は人間を2種類に峻別しようとします。力があり、人を支配し、場合によっては拒絶することのできる集団と、力がなく劣っているため、言うことを聞くしかない集団です。尋問の仕組みと家父長制社会の共通点がここにあります。尋問、暴力、懲罰、それらを通じて、尋問官は父親や兄、夫、国と同じ役割を演じています。彼らは女性に、従属的社会集団になることを強要しています。

男女を比較するつもりは全くありませんが、拘禁中に女性の囚人たちから話を聞いて、ふと分かったことがあります。尋問中に感じる抑圧感は、いままでの人生で背負わされたものとそう変わらないと、女性であれば気づくということです。尋問官は被疑者が女性の場合には態度を変えますが、女性は懸命に抵抗します。

「女を尋問するのは、どうしてこうも大変なんだ」とある尋問官に言われたことがありました。「なぜお前らはいつだって私たちと言い争うんだ」

単なる男性優位願望だったのか、たいして意味のない冗談のつもりだったのかは分かりません。しかし私はこの言葉が腑に落ちました。尋問室の椅子に座っている女性は、こういう経験は前にもしていて、していなくても、ともかく知ってはいるので、意識的にせよ無意識的にせよ、宣言しているのです。

「私は、あなたたちを私の尋問官や看守としてあてがった秩序に反対する。私をあなたの従属物のように定義する秩序に反対する。私は不平等に反対する」

女性が人生で経験してきたことは、獄中生活の助けになります。さきほど述べた「強い意志」という言葉は、尋問下の人物が感じている抑圧との関係性で語られると、別の意味を持ちます。歴史的に女性に委ねられてきた「ケア」という社会的役割が、女性にしかできない方法で「強い意志」をたぐり寄せるからです。尋問下では、このありふれたケアの精神こそ、女性の内なる責任感を呼び起こします。すると女性は自分自身を、そして気持ちや状況が自分に近い人間をケアします。独裁者が支配する不平等な世界で、人々は従うか支配されるか、どちらかしかありません。尋問官は極端に不平等で不公平な状況を作り出しますが、女性は普段から様々な不平等に傷ついているので、日々の経験を足がかりに、抵抗のレベルを一段上げることができます。

女性は獄中で、自分が家族と思っている人々のケアをします。それは自分が「強い」ことを証明したいからではなく、尋問室の椅子に座ることを余儀なくされている瞬間にも、仲間が心配だからです。

一般的な拷問文学では、「強い意志」が賞賛されますが、私に言わせれば、あれは男性文学の「失敗」です。男性の拷問文学では、主人公はいかなる状況にも弱音を吐かないヒーローで、そんな彼を虐めるもうひとりの男——支配者——は大悪党です。悪者をより悪く見せるために、尋問を受けている主人公のリアルで人間的な苦しみや迷いは描かれません。ヒーローは、ほんの一瞬でも「強くない」ことを悪者に知られてはいけないのですから！

獄中や尋問について書かれた女性文学は、ロスタム（ペルシャの叙事詩に登場する偉大な英雄）のようなヒーローを求めていません。不平等で残酷な尋問で経験する苦しみを、否定したり美化したりしません。そうではなく、自由に生きたいという渇望が、彼女の苦しみを軽減し、生き続けようという力になっている様を描きます。私は平等主義を信じるすべての男性、女性に敬意を表しますが、男性活動家の受ける尋問は女性の場合とは異なり、尋問と拘禁の経験さえ女性のそれとは違っていると思います。その違いを生み出しているのはジェンダーに他なりません。

男性優位の社会で、そしてその結果として構築されたヒエラルキーのなかで、男性は優位性を求めます。そしてひとたびヒエラルキーからこぼれ落ちると、権威が揺らいで失墜してしまうため、打たれ弱いのです。傷つきやすく、か弱い存在に転落します。しかし女性はそもそも虐げられた環境に置かれ、抵抗することで、そして不服従で、自分の存在を主張してきました。

同じことが刑務所でも言えます。尋問室に女性が座っている、それだけで既に勝利なのです。女性の経験に根ざして、私たちは2つの言葉と2つの声を持つ人間を決して信頼しません。

ナルゲスが訴えてきたこと
――「闘いは、あきらめない限り続く」

・死刑反対
・女性に権利を
・不当逮捕反対
・暴力反対
・政権による服役者への拷問・性的虐待の告発

［文責・編集部］

おわりに――インタビューに応じた女性たちのその後

ニガラ・アフシャルザデ

トルクメニスタンの市民権を持つ彼女は、スパイ容疑によりイランで拘禁され、故国に帰ったのち、そこでも禁固刑を受けた。現在は釈放されてふたりの子どもとともに、トルクメニスタンで暮らしている。

アテナ・ダエミ

人権活動家の彼女は6年半の禁固刑を科された。刑期満了にともない出所したのち、現在はテヘランで家族とともに暮らしている。

ザラ・ザクタチ

彼女はイランのムジャヒディン・ハルクの一員とみなされて逮捕された。10年の禁固刑を科され、現在も服役中。

ナザニン・ザガリ＝ラトクリフ

２０２２年3月、イギリス政府がイラン・イスラム共和国に約4億ポンドを払った直後にナザニンは釈放されイギリスに帰国し、夫と7歳になった娘と再会した。4億ポンドは１９７０年代に革命前のイラン政府がイギリスから購入予定だった戦車の代金であり、革命後に取引が反故になったのちは、イギリスのイランに対する債務となっていた［彼女の身代金で債権を回収するために逮捕されたと思われる］。

マフバシュ・シャリアリ

イラン・バハーイー・ヤラン委員会の一員である彼女は、10年の禁固刑を勤め終え、２０１７年に釈放された。同年、英国ペンクラブ主催「ピンター賞」の受賞者が、その年の「勇気ある国際作家賞」をマフバシュに贈ると発表。彼女が獄中で書いた詩集は現在数ヵ国語に翻訳されている。バハーイー社会への攻撃が強まったさなか、２０２２年7月31日にマフバシュは再び逮捕され、現在はスパイ容疑で身柄を拘束されている。

ヘンガメ・シャヒディ

司法制度の腐敗を糾弾した彼女は、13年の禁固刑を科された。17ヵ月間独房で拘禁され、そののち15ヵ月間を一般房で過ごした。最高指導者事務所に抗議し、上訴したのち、２０２１年に釈放された。独房拘禁で被った健康被害は治療中であり、以前と同じ生活にはまだ戻ることができていない。

レハネ・タバタバイ

改革派政党「Union of Islamic Iran People」の一員である彼女は、2016年に釈放された。現在「Emtedad News」の編集長を務めている。

シマ・キアニ

バハーイー・コミュニティの一員である彼女は、禁固刑5年、執行猶予4年を科された。現在はテヘランで暮らしている。

ファティメ・モハンマディ

ファティメはキリスト教改宗者である。2017年、国家の安全を脅かした罪と、キリスト教活動、そして宣教師グループの一員であることを理由に逮捕された。6ヵ月の禁固刑を科され、満期にともなって出所した。2020年、イスラム革命防衛隊が引き起こしたウクライナ航空752便撃墜事件に対する抗議活動に参加し、再逮捕された。3ヵ月の禁固刑と鞭打ち10回を科された。その後、大学に復学することを許可されていない。諜報治安省の差し金により、就職も叶わないでいる。

セディエー・モラディ

ムジャヒディン・ハルクの一員として逮捕された彼女は、２０１６年に釈放された。しかし２０１９年に再び逮捕され、２０９棟の独房に3ヵ月拘禁された。現在は自由の身である。

ナジラ・ヌリ

イランの神秘主義者グループの一員である彼女は、１年の禁固刑を科された。２０１９年に釈放され、現在は医師として活躍中。

ショコウフェ・ヤドラヒ

イランの神秘主義者グループの一員である彼女は、上訴ののち、５年の禁固刑を2年に減刑された。そして２０２０年に釈放された。

マルジエ・アミリ

ジャーナリスト、また学生と女性の権利活動家である彼女は、10年の禁固刑を科されたが、上訴して5年に縮まった。７ヵ月を刑務所で過ごし、２０１９年に釈放された。現在、ジャーナリストとして活躍中。

訳者あとがき

この本を手に取ってくださった読者のほとんどは、「白い拷問」を体験したことも「人間缶詰」になったこともないでしょう。私もその言葉のインパクトに驚きました。

女性たちが自分と年齢が近いこともあり、生まれる場所が違っていれば自分もこういう目に遭っていただろうか、と翻訳を進めながら何度も息が苦しくなりました。

欧州に住んでいた幼少期のイラン人のお友達を思い出し、連絡先も分からない彼女のその後が心配でたまりません。

私がイランについて知っているわずかな事柄は、そのお友達の家に遊びに行ったとき、芳しい香りがしたことと、お母さんから熱烈なキスを浴びたことで、おかげでイランに対するイメージは「愛情深い人が住んでいる、(行ったことはないけれど)良い匂いの国」という子どもっぽい印象のまま更新されませんでした。

大人になってから、イスラム原理主義の国であることや9・11テロ後に悪の枢軸と名指しされたことを知っても、あの家庭の雰囲気とあまりにかけ離れていたため結びつかなかったのです。

本書を訳す過程で、子どものときの印象が正しかったと確信しました。イラン人は家族を愛し、我が子の幸せを心から願う、当たり前ですが他の国の人たちと何ら変わらない人々です。

ではなぜ普通に暮らしている女性が政治犯・思想犯とみなされ、このような目に遭うのでしょう。

イスラム原理主義だから？

特殊な政治体制だから？

それも理由のひとつではあるのですが、著者や13人目の証人マルジエさんが言うように、女性に対して抑圧的な空気が体制によって強化されているという指摘が的を射ていると思います。宗教の倫理規範ではなく抑圧の装置としてヒジャブが強要されている、あるいは女性が家族のケアの主な担い手で従属的な立場に置かれている、つまり宗教とは関係のない理由で女性が押さえつけられているのです。これは……どこかの社会とそっくりではないですか？

日本でもつい最近まで、女性が露出度の高い格好をしていれば性被害に遭っても仕方がないと思われてきました。また先進国最下位と叫ばれて久しいジェンダーギャップ指数に表れているように、女性の政治・経済分野への参画は世界から大幅に立ちおくれています。訳しているうちに、イラン女性の身に起きていることは遠い恐ろしい国の出来事ではないのだと背筋が寒くなりました。

日本でもこのようなことが起こりうるのか。

そうなったとき、私たちは証言者のように不屈の精神で立ち向かうことができるのか。

彼女たちの心に灯をともし続けるものは何なのか。

その答えのヒントは、私がこの本で強く共感した部分でもあるのですが、「圧倒的な男性優位社会は男性に対しても優しくはない」点にあると思います。

強者集団からこぼれ落ちた男性は女性よりも打たれ弱いと看破するイラン女性は、男女の二項対立の不毛さを分かっているのでしょう。


人間は生まれて死ぬまでの間、人に頼ったり頼られたり、その広がりの濃淡のなかを生きています。ずっと強者のままでいられる、ずっと弱者のまま虐げられる、そんな人が存在する社会は結局のところ誰にとっても生きづらいのです。これは日本で主婦をしている私が肌で得た感覚で、この本の女性たちも同じように感じているに違いありません。私たちの願いは、好きな服を着て、労働に見合った対価を得て、家族と幸せに暮らし、善き生活者でありたい、それだけです。

そこに男女の違いは存在しないはずですが、その当たり前を実現するためにイラン女性は獄中で拷問を受け、日本女性はチクリと痛い思いをしながら日々をやり過ごしています。

著者はとてつもなく勇敢な人物です。私はこうしてイラン社会と日本社会の共通点を挙げながらも、「立ち上がって連帯を示そう」と言う勇気がありません。ただ、彼女たちのことを思い続け、考え続けることをやめません。たとえそれが何の役にも立たず、彼女たちの苦しみをやわらげないとしても、宗教を持たない私にとって、そうすることが最も祈りに近い行為だと思うからです。

最後になりましたが、重いテーマの訳者に私を抜擢してくださった講談社の山中武史氏、編集者の青木由美子氏に感謝いたします。初めての打ち合わせで「『白い拷問』というタイトルで本当に良いのだろうか」と相談したときから、きめ細やかにサポートしていただきました。いまの日本にきっと必要な本だと信じて共に作業した時間は貴重なものでした。

2024年2月　早春の小淵沢で繁殖牝馬シローナの出産を待ちながら

星　薫子

「女性たちの連帯の輪」注釈

※1 Nahid Rahimipour Anaraki, Prison in Iran: A Known Unknown, Palgrave Macmillan, 2021.

※2 Olya Roohizadegan, Olya's Story: A Survivor's Personal and Dramatic Account of the Persecution of Bahá'ís in Revolutionary Iran, Oneworld Publications, 1993; Azadeh Agah, Sousan Mehr, Shadi Parsi and Shahrzad Mojab, We Lived to Tell: Political Prison Memoirs of Iranian Women, McGilligan Books, 2007; Marina Nemat, Prisoner of Tehran, Free Press, 2008; Zarah Ghahramani, My Life as a Traitor, Scribe, 2007; Shahla Talebi, Ghosts of Revolution: Rekindled Memories of Imprisonment in Iran, Stanford University Press, 2011; 'Sepideh's Diary: A Shocking Glimpse into Women's Prisons in Iran', IranWire, 29 July 2020, iranwire.com/en/features/67382 (accessed 27 April 2021).

※3 Darius M. Rejali, Torture And Modernity: Self, Society, And State In Modern Iran, Westview Press, 1994; Ervand Abrahamian, Tortured Confessions: Prisons and Public Recantations in Modern Iran, University of California Press, 1999.

※4 W. Fitzhugh Brundage, Civilizing Torture: An American Tradition, Belknap, 2018; Frank Foley, 'The (de)legitimation of torture: rhetoric, shaming and narrative contestation in two British cases', European Journal of International Relations, vol. 27, no. 1, 2021, 102-6, available online at doi.org/10.1177/1354066120950011(accessed 1 April 2022).

※5 John P. Zubek, Sensory Deprivation: Fifteen Years of Research, Appleton Century Crofts, 1969.

※6 Elaine Scarry, The Body in Pain: The Making and Unmaking of the World, Oxford University Press, 1988.

White Torture
Interviews with Iranian Women Prisoners
by Narges Muhammadi

First published in Persian by Baran Publishing (Sweden) under the title Shekanje Sefid in 2020
This translation of White Torture: Interviews with Iranian Women Prisoners is published by KODANSHA LTD. by arrangement with Oneworld Publications via Japan Uni Agency, Inc.,

プロフィール

【著者】

ナルゲス・モハンマディ　Narges Mohammadi

イラン・イスラム共和国の人権活動家、市民運動家。フェミニスト運動の主導者であると同時に、ジェンダーやセクシュアリティ、人種、宗教、階級に基づくすべての差別に強く反対。死刑廃止運動の中心的人物でもある。国家平和評議会副代表、人権擁護者センター（DHRC）の副代表およびスポークスパーソンを務める。

1972年４月21日、イラン・ザンジャン州生まれ。カズビーン・イマーム・ホメイニ国際大学で物理学を専攻。学生時代は人権と社会正義を求める学生運動に身を投じる。卒業後、イラン・エンジニアリング・インスペクション・カンパニーで検査技師として働くかたわら、改革派の出版物や新聞にジェンダー平等や民主主義をテーマに寄稿。合計13回逮捕され、５回の有罪判決を受け、合計31年の禁固刑と合計154回の鞭打ち刑を言い渡されている。2023年のノーベル平和賞受賞は異例の獄中での受賞となった。現在も獄中にありながらSNSでの発信やメディアへの寄稿を精力的に行っている。男女の双子の母親でもある。

【訳者】

星　薫子　Nihoko Hoshi

早稲田大学第一文学部卒。通信社勤務、雑誌編集、コピーライティングを経て、翻訳家に。訳書にエシュコル・ネヴォ著『三階——あの日テルアビブのアパートで起きたこと』、ジュリー・アンドリュース著の回想録『Home——A Memoir of My Early Years』（ともに五月書房新社）がある。夫と息子、ペットの金魚とともに東京で暮らしている。

白《しろ》い拷問《ごうもん》　自由《じゆう》のために闘《たたか》うイラン女性《じょせい》の記録《きろく》

2024年4月22日　第1刷発行

著者……………………ナルゲス・モハンマディ
訳者……………………星《ほし》 薫子《にほこ》

協力……………………村田信一
装丁……………………藤田知子
本文レイアウト・図版……………………山中 央

発行者…………………森田浩章
発行所…………………株式会社講談社
東京都文京区音羽2丁目12-21　郵便番号112-8001
電話 編集 03-5395-3522
販売 03-5395-4415
業務 03-5395-3615

印刷所…………………株式会社新藤慶昌堂
製本所…………………株式会社国宝社

ISBN978-4-06-535381-3